JN329711

銀行管理会計

谷守 正行
TANIMORI Masayuki

専修大学出版局

はしがき

　いまから10年ほど前に「銀行に管理会計はあるのか？」と聞かれたことがある。現在なら，銀行にも「そのときどきの経営に適合させようとした管理会計は確かに存在した」と言えるのだが，そのときは十分にこたえられなかった。自分の勤務する銀行で管理業務や報告事務などを行っていたとしても，財務会計の数字を銀行内部用に分解したもの程度にしか考えていなかった。信用供与を生業とする銀行でとくに重要なリスク管理についても，単なる管理業務であって積極的な活用は考えられていなかった。その後，バブル崩壊後に残された不良債権は銀行経営をますます厳しいものにしていき，各銀行はまさに実務面から身をもって管理会計の構築が喫緊の課題として認識された。すなわち，利益をあげるための「どんぶり勘定ではなく，選択と集中をやるためのデータ」が必要になったのである。

　ちょうどその頃に，当時の各都市銀行の企画メンバーが集まって「銀行業へのABC適用」に関する研究会が開催され，座長の櫻井通晴先生（専修大学）にお会いした。それが，銀行管理会計を実務の面だけでなく研究の対象とすることになった最大のきっかけである。このように，著者はもともとさくら銀行（現 三井住友銀行）に勤務していたが，実務面で日頃疑問に思っていたことから学術的な研究を思い立ち，学位論文としてまとめたものである。

　本書は，学位論文をもとに一部見直しを図ったものであるが，銀行管理会計がどのように発展し，今後どのような方向に向かうのかといったことが主たるテーマとなっている。内容は，次のとおり2部の構成で成り立っている。

　第1部では，過去の護送船団行政時代以前からバブル崩壊を経て現在までの銀行管理会計の変化の歴史をまとめている。ただし，銀行そのものの歴史の検討ではなく，銀行管理会計の変遷と技法の変化に対する影響要因についての研究を行った。銀行の歴史の研究については，今後の課題として学位論文を一部

見直す際に割愛したが，今後より網羅的かつ詳細な検討を行うことができれば，社会・経済などの外部環境の管理会計に対する影響がより明確に説明できるのではないかと思っている。

第2部では，おもに技法的な観点から銀行管理会計の特殊性やリスク・マネジメントとの関係について検討する。各章は，銀行管理会計の技法のうち原価計算，収益管理，そしてリスク管理の3つの観点で構成され，それぞれについて個別に検討した。

最後に，今後の銀行管理会計の方向性に与える影響要因として，外部要因，内部技法の高度化，および経営戦略の3点を研究上のインプリケーションとして指摘した。

1990年代は，企業間にWin-Winの関係を築く戦略が理想といわれた。しかし，当時いわれた"市場の原理"は弱肉強食になりかねず，全員が勝者というわけにはいかずに必ず敗者がいなければ成立しないものではないだろうか。したがって，勝者同士の関係のことがWin-Winと言われていたようにさえ思える。バブル崩壊によって，銀行でも"株主価値の向上が第一"といわれるようになった。しかし，徐々に，株主のことだけを考えた経営でよいのかといった疑問が，銀行だけでなく日本の企業全体に思い起こされ，最近では"顧客第一主義"が復権したり，終身雇用制による家族経営の良さが見直されたりして"従業員価値の向上が最も重要"とさえ言われることもある。

著者は，これからの日本はWin-Winの関係を超えた「あらゆるステークホルダーの価値向上」，すなわち"全員が満足を感じる関係"が築けるような経営戦略が求められているように思う。とくに，日本の銀行に対する従来の護送船団行政，金融ビッグバン，最近のリレーションシップバンキングのあり方などを総合的に（振り返って）咀嚼するならば，弱肉強食の経営を超えた「より高い次元での日本型の共存共栄経営」に帰着するだろう。とくに，それは日本の銀行業における管理会計にとって今後最も必要な要件になると考えている。すなわち，金銭だけの関係ではなく"高い次元で共存共栄の戦略を策定し実行できるフレームワーク"が銀行管理会計に求められる。

以上のとおり，本書は「銀行」といった特定の業種に特化した管理会計の研究書である。最近でこそサービス業に対する管理会計の研究も多くなってきたが，それでも一般に金融機関の管理会計研究は少ない。本書が，今後の金融業あるいはサービス業の管理会計研究にとって少しでも役に立てば，著者としては望外の喜びである。

　本書を完成させるにあたっては，多くの方々にご指導とご厚情を賜った。とくに，恩師である櫻井通晴先生（専修大学）には，銀行を辞して研究の道にとびこんできた著者に対して，一般的な管理会計の意義や目的から最新の理論や個別論点に関することまであらゆる点でご指導を賜った。本書をまとめることができたのは，ひとえに櫻井先生のご指導のおかげである。この場をかりて，あらためて衷心より感謝の意を記したい。

　また，第30回日本原価計算研究学会全国大会の報告などで，小林啓孝先生（早稲田大学）には，とくにリスク・マネジメントの観点で貴重なご指摘とご意見をいただいた。ここに心より感謝の意を表したい。コーポレート・ガバナンスの検討では，銀行に対するステークホルダーの概念で金融当局の役割に関するヒントを与えていただいた宮本光晴先生（専修大学）に，感謝の意を記したい。

　各章の検討では，伊藤和憲先生（専修大学），志村正先生（文教大学），松島桂樹先生（武蔵大学）には貴重なご指摘を賜り，青木章通先生（専修大学），新江孝先生（日本大学），伊藤克容先生（成蹊大学），岩田弘尚先生（東京国際大学），岩淵昭子先生（東京経営短期大学），大柳康司先生（専修大学），小酒井正和先生（専修大学北海道短期大学），田坂公先生（川口短期大学），藤野雅史先生（日本大学），山田義照先生（玉川大学）の各先生には暑い季節に厳しくも温かいご意見をいただいた。この場をかりて心より感謝の意を記したい。

　また，吉田千之輔氏（元さくらフレンド証券社長）には，三井銀行の歴史の実態や銀行経営者の立場からみた1980年代から90年代当時の実体験にもとづく意思決定の状況について教えていただいた。ここにあらためて感謝の意を記したい。

本書の刊行にあたっては，平成18年度専修大学課程博士論文刊行助成を受けた。専修大学出版局の笹岡五郎氏とエディターの藤岡浩子氏には編集と校正で一方ならぬお世話になった。この場をかりて厚くお礼を申し上げるしだいである。

　最後に，私事にわたって恐縮であるが，この歳で大学院に入り直して学生に戻ることを許し休日の執筆活動を温かく見守ってくれた妻と子供たち，そして両親に本書を捧げることを許されたい。

　本書が，管理会計研究だけでなく銀行経営実務に対して少しでも貢献できれば，著者としては望外の喜びである。

　　2006年晩秋

　　　　　　　　　　　　　　　　　　　　　　　　谷　守　正　行

目　次

はしがき

序　章

はじめに　*1*
1. 銀行管理会計における問題意識　*2*
2. 銀行管理会計の研究方法と研究範囲の限定　*4*
3. 本論文の構成　*5*

おわりに　*7*

第Ⅰ部　銀行管理会計の歴史的考察

第1章　銀行管理会計の特徴と先行研究

はじめに　*13*
1.1　銀行業と一般企業の管理会計の違い　*14*
1.2　銀行管理会計の先行研究　*19*

おわりに　*27*

第2章　日本の銀行誕生と管理会計

はじめに　*33*
2.1　明治・大正・昭和初期にかけての三井銀行の経営管理　*33*

2.2　銀行管理会計の前段階　*35*

　　おわりに　*43*

第3章　護送船団行政と銀行管理会計

　　はじめに　*47*

　　3.1　護送船団行政下の銀行の経営状況　*47*

　　3.2　護送船団行政下の銀行管理会計の特徴　*53*

　　3.3　護送船団行政下の銀行管理会計の問題点　*63*

　　おわりに　*67*

第4章　バブル崩壊後の銀行管理会計
　　　　　――リスクを勘案した管理会計の登場――

　　はじめに　*71*

　　4.1　バブル崩壊後の経済動向　*72*

　　4.2　バブル崩壊後の銀行経営戦略の特徴　*73*

　　4.3　バブル崩壊後の銀行管理会計の特徴　*77*

　　4.4　銀行管理会計の実施状況　*82*

　　4.5　現状の銀行管理会計の経営への適合性と今後の課題　*84*

　　おわりに　*87*

第5章　銀行管理会計とコーポレート・ガバナンス
　　　　　――関係性に関する歴史的考察――

　　はじめに　*93*

　　5.1　銀行に対するコーポレート・ガバナンスの捉え方　*94*

　　5.2　銀行管理会計とコーポーレート・ガバナンスの変化　*96*

5.3 銀行管理会計へのガバナンスの影響メカニズム　*107*

おわりに　*108*

第Ⅱ部　銀行管理会計の課題と展望

第6章　銀行の原価計算

はじめに　*115*

6.1　銀行の伝統的原価計算　*115*

6.2　銀行 ABC の登場　*124*

6.3　都市銀行 S のカンパニー運営に対する ABC 適用事例の研究　*125*

6.4　銀行 ABC と伝統的原価計算の比較　*136*

おわりに　*141*

第7章　銀行の収益管理

はじめに　*145*

7.1　本支店勘定振替利息制度　*146*

7.2　FTP 管理　*152*

7.3　銀行収益管理の現状の課題とこれからの方向性　*158*

おわりに　*170*

第8章　銀行管理会計の課題と展望
　　　　──BSC による銀行管理会計とリスク管理との融合──

はじめに　*175*

8.1　現状の銀行管理会計におけるリスクの捉え方と課題　*176*

    8.2　これからの銀行管理会計の要件に対する BSC 適用の
        効果性　*180*
    8.3　銀行の与信管理への BSC 適用に関する考察　*183*
    おわりに　*193*

結　章

  1. 銀行管理会計の歴史的な考察　*199*
  2. 現状の銀行管理会計の取り組み内容にもとづく考察　*200*
  3. 今後の銀行管理会計の方向性　*202*

参考文献　*205*

　　　　　　　　　　　　　　　　　　　　装幀　右澤康之

序　章

　　はじめに

　近年，銀行の経営は非常に厳しいものとなっている。1980年代の飛ぶ鳥を落とす勢いであった日本の銀行が，1991年のバブル崩壊によって残された膨大な不良債権を10年以上経ったいまでもいまだ完全には処理しきれていない。銀行がこのような状態になることを一体誰が想像したであろうか。最近の銀行の状態をみるかぎり，日本の産業のなかでもとくに激動の経営が強いられたようにさえ思えてくる。そもそも「銀行業における管理会計」はあったのだろうか。あったとしたら，その管理会計は激動の銀行経営に十分に機能してきたのであろうか。
　それを検証するためには，銀行の経営を推進し管理してきたであろう銀行の管理会計（以下，銀行管理会計と称する）が，銀行をとりまく社会・経済環境の変化や政府官庁の規制の影響を受けて，どのような仕組みに発展し，銀行経営にどのように適用されてきたのかを歴史的に検討することが必要である。
　一方，これまでの管理会計研究において，製造業などにくらべて銀行業についてはあまり焦点が当てられてこなかった。その要因のひとつは，製造業で行われる原価計算基準にもとづく原価計算が銀行業には要求されていないことと，もうひとつは研究対象としたくとも銀行側が関連するデータをあまりオープンにしてこなかったということも関係している。このように，過去の研究成果が十分とはいえない状況のなかでは，銀行の実務家による対外的な報告，銀行史，および支店長会議録なども参考にして国内の銀行管理会計の特徴をあきらかにしなければならない状況である。ただし，1996年の日本版金融ビッグバンの提唱以降は，自己責任にもとづく銀行経営が標榜され，連結財務諸表作成

の義務化とあわせて IR（Investor Relations）等開示行動が活発になったために，銀行の経営管理や管理会計に関する銀行自らが説明する資料は以前よりも増えている。

　以上のとおり，実務的な面では非常に激動の経営でありながら，研究分野としてはこれまで十分には行われてこなかったわが国の銀行管理会計について，本論文では過去の歴史を調査しながら銀行経営との適合性を検討したいと考える。

　そこで，まず本章では筆者の銀行管理会計に関する問題意識を述べ，その問題に対する研究のアプローチ方法と範囲を示したうえで，最後に本論文全体の構成を説明する。

1. 銀行管理会計における問題意識

　銀行は，いつごろから管理会計に取り組んできたのであろうか。1873年（明治6）に明治政府の澁澤栄一がはじめて第一国立銀行を設立し，その後第二次世界大戦までは，銀行は濫立と取り付け・破綻を繰り返す。第二次世界大戦後の高度成長期には企業の旺盛な資金需要とそれに対する銀行融資による間接金融がうまく機能して銀行不倒神話を生んだ。1980年代には日本の銀行経営はグローバルでみても成功したかのようにみえていたが，1991年のバブル崩壊とともに大手銀行でさえ破綻した[1]。このように，わが国の銀行業は日本経済や政治にとくに翻弄された業界ではないかと思われる。こういった銀行業界において，銀行管理会計は役に立っていたのであろうか[2]と思ったのが，本論文をまとめるに至った最初の動機である。

　筆者は，2000年末までさくら銀行（現 三井住友銀行）の総合企画部に籍をおき，管理会計を担当した。当時はバブル崩壊によって膨大に残された不良債権の処理のために効率的な経営が求められていた。そのために，経営のマクロ的な観点では，ABC（Activity-Based Costing；活動基準原価計算）を適用して，事業部門（ディビジョン・カンパニー）の単位や商品・チャネルの単位で

収益性が測定され，経営の意思決定に適用されたのを憶えている。一方，現場レベルのミクロな観点では，新規に不良債権を発生させるわけにいかないことから企業の審査を合理的なルールにもとづいて行うようになっていた。つまり，貸出予定企業のリスク量を計量化して，それ以上の収益が見込める場合に貸出が実行される仕組みが構築されたと記憶している。このように，バブル崩壊後はあきらかに銀行管理会計の高度化と意思決定への活用が行われた。

　バブル以前に銀行管理会計が行われていたとすれば，どのような技法が適用されていたのか。何より重要なことは，その銀行管理会計は，当時の意思決定や業績評価にどの程度適合していたのであろうか。具体的には，次のような問題意識をもっている。第1に，戦前の取り付けや破綻が相次いだ時期には銀行管理会計はあったのだろうか。もしも存在したとすれば，経営に対して銀行管理会計は役に立たなかったのだろうか。第2に，高度成長期の銀行管理会計は経済成長持続にとってどのように効果性を発揮したのであろうか。第3に，銀行管理会計はバブル崩壊による損失可能性を予兆できなかったのだろうか。とくに，これらの問題を歴史的に検討することによって，銀行管理会計の特徴的な仕組みが認められるのではないかと推察する。

　また，時代の変遷とともに銀行管理会計の技法や適用の状況が変化しているとすれば，その要因は何であろうか。管理会計は企業内部の経営のための会計といわれるが，一般企業と同じように銀行も自らの経営戦略にしたがってのみ管理会計の仕組みを変えてきたといえるだろうか。それについては，銀行が他の業種にくらべて，金融庁（旧 大蔵省）など当局の指導や監督が非常に強かった業界であることから，経営戦略などの内的な要因だけでなく，当局の規制や市場からの情報開示の要請などといった外的な要因も銀行管理会計の技法に少なからず影響を与えたのではないかと推察する。これも本論文を作成するにあたっての問題意識のひとつとなっている[3]。

　最後に，いまの銀行管理会計が抱える課題とは何なのかをあきらかにしたいと考える。それは，今後の銀行管理会計の方向性を見極めることにもなると思われるが，おそらく銀行業における資金収益（利息収益）計上の特性や銀行経

営にとってのリスク管理の重要性からみて，将来の変動可能性としてのリスクと回避すべきリスクの管理との関係性が課題になるのではないかと推察される。

次節では，以上の問題意識に対する本論文における銀行管理会計の研究方法と研究の範囲を説明する。

2. 銀行管理会計の研究方法と研究範囲の限定

本論文では，わが国の銀行管理会計に関する歴史的な考察に焦点をおいた研究を行う。銀行管理会計を研究するための銀行業の範囲としては，銀行法で定義される国内の都市銀行，地方銀行，および第二地方銀行などに焦点を当てる。

研究の方法としては，基本的に文献研究と事例研究によって検討を行う。ただし，銀行管理会計やその歴史を直接的に検討した先行研究があれば最適であるが，前述のとおり，銀行業に関する管理会計関連の研究論文は多くない。そのため，過去に財閥系銀行がみずから編集した銀行史や，最近各行がアナリスト向けに開示するディスクロージャー資料なども参考にして検討を行うこととする。現在の銀行管理会計の内容については，銀行実務家が各種セミナーや業界紙などで発表した内容も参考にする。

本論文における管理会計研究のアプローチは，銀行経営に実際に適用された管理会計のツールや技法[4]の観点から，時代ごとの変遷とその影響要因，および特徴を研究するものである。銀行管理会計が銀行経営に役立ったのかといった問題意識で分析し検討することから，とくに掘り下げて研究する銀行管理会計技法として，銀行の原価計算，銀行の収益管理やパフォーマンス管理，および銀行のBSC（Balanced Scorecard）を取り上げる[5]。

3. 本論文の構成

本論文は，大きく2部構成でまとめられている。

第Ⅰ部では，銀行管理会計に関する先行研究のレビューと，実際の銀行管理会計の状況を歴史的に考察する。

第1章では，これまでの銀行管理会計の先行研究を歴史的にまとめ，それらの評価を行う。さらに，一般企業と区別しながら銀行業の特徴を整理しておく。

第2章から第4章までは，銀行経営が大きく変化する3つの時代区分で銀行管理会計技法の変遷を検討する。

① 1873年の銀行設立から戦時体制……第2章
② 第二次世界大戦後の復興から1950年代以降の高度成長……第3章
③ 1991年のバブル崩壊とその後の不良債権処理とデフレ経済……第4章

したがって，第2章では1873年の澁澤栄一による日本最初の銀行設立から明治・大正・昭和初期までの銀行管理会計の適用状況を検討する。当時は小規模の私立銀行が濫立した時代であるが，とくに三井銀行など大手財閥グループによる私立銀行など経営基盤のしっかりした銀行の管理会計の状況を検討する。

第3章では，第二次世界大戦後から高度成長を経てバブル経済へ突入する1980年代までの銀行管理会計の状況を分析する。高度成長期には，企業の旺盛な資金需要と銀行の業績が非常にうまくマッチングした時代であったと思われるが，その際の銀行管理会計の状況と経営への役立ちを検討する。

第4章では，バブル崩壊後の銀行管理会計の高度化をまとめる。バブル崩壊後に膨大な不良債権が残されたのは，1980年代までの銀行管理会計ではバブルの崩壊による損失可能性のある金額を予測できなかったからではないかと考えられる。バブル崩壊後の1990年代後半には平均的に損失する可能性のある金額と最大で損失する可能性のある金額を計量化[6]することで，銀行管理会計にリスク量が算入されるようになったことをあきらかにする。

第5章では，以上分析した銀行管理会計の歴史的な変遷は，内的要因だけでなく外的要因による影響，とくに銀行の場合にはコーポレート・ガバナンスの影響を強く受けていることをあきらかにする。

次に，第Ⅱ部では現在実際に銀行で行われている銀行管理会計技法の状況について，3つの個別テーマを検討する。ただし，銀行では経営管理に関するデータは最も高い守秘義務レベルの情報であるため，銀行名をオープンにできないケースが多い。そのため，オープンになっている銀行についてはそのまま銀行名を記載するが，オープンにできない場合には銀行名は伏せたままその銀行の管理会計技法の内容のみを検討することとする。

まず，第Ⅱ部の最初の章である第6章では，某都市銀行の原価計算を事例として検討する。この都市銀行では，従来は伝統的原価計算を行っていたが，銀行原価計算の研究会[7]（座長：専修大学櫻井通晴教授）の検討結果をもとに1999年にABC（Activity-Based Costing；活動基準原価計算)[8]が適用された。ABC適用にいたる経緯やその内容について検討する。

第7章では，銀行の収益管理に関する観点から現状で行われている内容を検討する。とくに，従来は原価計算で行われていた預金利息の管理が1990年代後半からは大手銀行を中心に銀行版の社内振替価格制度と考えられるFTP（Funds Transfer Pricing；資金振替価格方式）によって行われるようになった。さらに，今後の銀行収益管理の課題として，国際会計基準で議論された将来キャッシュ・フローの割引計算[9]を適用した資産価値の評価損益の必要性[10]についても検討する。現在は渉外営業担当者の業績評価が過去の期間損益ベースとなっているため，獲得時点での担当者別評価が困難な状況にある。この問題を解決するためには，将来キャッシュ・フローの割引計算による価値評価分析（Valuation）が必要ではないかと考えられる。モデルデータをもとにしたシミュレーションまでを行って検討したい[11]。

第8章においては，銀行管理会計の現状の課題と展望を検討する。銀行管理会計ではこれまで原価計算，収益管理，およびリスク管理の財務の面で統合的に管理してきたが，事後指標に偏っているなどまだ課題が残っている。とく

に，リスク管理については「リターンの源としてのリスク（リスク・リターン）」と「回避すべきリスク」とに区分して検討する必要がある。メガバンクなど大手の銀行を中心にして，「リスクがあるから融資を行わない」から「リスクに見合う収益の確保」，すなわち，リスク・リターンの概念で金利や貸出期間を決定する方法がとられるようになってきた。しかし，地域の銀行では貸出先はほとんど当該地域の顧客に限定されており，リスク量だけをみて貸さないとか，リスクに見合う金利の確保といった財務の面だけでは，いわゆる貸し渋り行為と変わらなくなるおそれがある。地域社会や中小企業の活性化を行うような"育てる融資"を行うには，無形の資産評価やリスク管理活動を行って回避すべきリスクを低減させる必要があり，そのための銀行管理会計のフレームワークとして BSC（Balanced Scorecard）の効果性を検討する。

おわりに

本論文では，銀行管理会計を歴史的に考察したのちに，一部事例をもとにした現状の銀行管理会計の内容を具体的に分析し検討することによって，今後の銀行管理会計の課題と求められる方向性をあきらかにする。この研究によって，わが国の銀行が自行の経営に適合させる銀行管理会計を構築して，より経営が健全化すると同時にますます収益力が高まり，なによりも地域社会，従業員とその家族，そして顧客や市場・株主などのステークホルダーに対するそれぞれの企業価値の向上に貢献できることを期待する。

わが国の銀行機能は，地域社会や中小零細企業にとっての重要な資金供給のための社会インフラであり，銀行経営は地域経済を活性化させる社会的責任を負っている。だからこそ，銀行は特定のステークホルダーだけを喜ばせ，その他のステークホルダーを泣かせるような経営が行われてはならないと考えられるのである。すべてのステークホルダーが全員 Happy になるように経営することがわが国の銀行経営には求められていると筆者は考える。したがって，そういった経営戦略にしたがって意思決定と評価を行うことのできる銀行管理会

計でなければ，本当の意味での銀行経営に適合した銀行管理会計とはならないと考えられるのである。

注
1） 1997年北海道拓殖銀行破綻，1998年日本長期信用銀行の経営が行き詰まり一時国有化した。
2） 1980年代は，銀行経営にとって管理会計がJohnson & Kaplan（1987）のいう「適合性の喪失」と同様の状態ではなかったかと推察される。
3） 池尾（1990）がいう「市場機能は，社会的真空のなかで機能しうるものではなく，それを取り巻くある種の制度的配置を必要とするとともに，そうした配置のあり方によってその作動特性を強く規定されるものである」ならば，金融当局の影響は銀行経営のための管理会計にも及んでいるのではないかと考えたことも要因のひとつとなっている。
4） 櫻井（2004）によれば，「管理会計の体系は，機能，技法，領域のいずれかがある」とされるが，本論文では技法を中心に研究する。
5） 『銀行管理会計』（矢本，1957）では経営分析も検討されているが，本論文では研究の対象としない。
6） 最近のリスク計量化の手法としては，金融工学を応用したVaR（Value at Risk；バリュー・アット・リスク）（小野，2002）が標準的である。VaRについては第1章で検討する。
7） 1997年に，専修大学櫻井通晴教授が座長となり，さくら銀行（現 三井住友銀行），住友銀行（現 三井住友銀行），あさひ銀行（現 りそな銀行），富士銀行（現 みずほ銀行），第一勧業銀行（現 みずほ銀行），三和銀行（現 三菱東京UFJ銀行）など都市銀行の管理会計スタッフが参加した研究会が実施された。その研究会では，伝統的な銀行原価計算の問題点と銀行業へのABCの適用可能性について検討された。その検討結果の一部は，櫻井（2000），髙木（2004）でまとめられている。
8） Mabberley（1999）によれば，米国の銀行業へのABC適用の背景は企業価値向上と競争力強化にあるとされる。
9） 将来キャッシュ・フローの割引計算とはDCF（Discount Cash Flow）法（櫻井，2004）のことである。
10） 加藤（2000），上林（1998），冨塚（2000），田中（2001；2002），吉田（2001）の財務会計における金融商品への公正価値概念が管理会計にも必要ではないかと考えられる。
11） Mckinsey & Company（2000）によれば，エンタプライズDCF法，エクイティーDCF法，リアルオプション法など複数のアプローチが提案されているが，第7章で

はDCFの計算式を検討するものではなく，将来価値評価の効果性の検討に論点を集中させるため単純なDCF法を採用する。

第Ⅰ部
銀行管理会計の歴史的考察

第1章 ▶ 銀行管理会計の特徴と先行研究

はじめに

　わが国の銀行管理会計を歴史的に考察して，銀行管理会計の銀行経営への適合性を分析・検討するにあたって，銀行経営の特徴とこれまでの先行研究についてあらかじめ調査しておく必要がある。最初に銀行業とその他の一般企業との業界規制，営業形態，商品性の違いなどを比較することで，銀行の経営管理に関する特徴は整理されると思われる。

　次に，銀行管理会計を研究するにあたっての先行研究を調査しておく必要がある。おそらくは，銀行業に特化した管理会計に関する学術論文は多くないと思われるが，歴史的に銀行管理会計に対して影響を与えたと思われる先行研究も含めて広く整理しておかなければならない。

　最後に，銀行管理会計の歴史的考察を詳細に行っていく前に，まず現状の銀行の実務で適用される銀行管理会計の内容とはどのようなものであるのかをまとめておくべきであろう。なぜなら，過去の銀行管理会計が，さまざまな外的または内的要因から影響を受けて変化した結果として現状の銀行管理会計が存在すると考えられるからである。過去から時代をトレースしながら歴史的考察を行うにあたっては，（検討の最終時点である）"現在"の銀行管理会計の状態を押さえておくことで分析や検討が発散しないと思われる。したがって，現状の銀行管理会計では，収益と原価に加えてリスク量を加味したパフォーマンス体系となっていることを述べ，次章以降でその体系に到達した経緯を歴史的に検討する。

　そこで，本章では，銀行管理会計の歴史的考察と銀行経営への適合性を検討するにあたっての銀行業の特徴や銀行管理会計に関する先行研究，および現状

の銀行管理会計の内容について検討する。

1.1 銀行業と一般企業の管理会計の違い

銀行管理会計の特徴をあきらかにするために，銀行の営業形態や業界規制，または銀行商品の特徴や会計科目様式などについて，とくに一般企業との相違点を整理しておく。銀行業と一般企業との営業や商品性の特徴について，①パフォーマンスの測定の観点，②ステークホルダーの観点，および，③戦略策定の観点で比較検討しながら分析を行う。

(1) パフォーマンスの測定の観点での銀行業の特徴

パフォーマンスの測定の観点では，勘定科目と商品性に違いがある。製造業では，製品別の売上総利益や製品別に間接費を配賦した製品別営業利益などによってパフォーマンスを把握する場合があるが，銀行業におけるパフォーマンスの測定の特徴をまとめると次のとおりである。

- 商品は，普通預金，定期預金，住宅ローン，証書貸付など物理的な製品実体があるわけではない金融に関するサービスである。
- 金融サービスを提供するものは，銀行内の事務やシステム処理であり，その勘定科目は一般に販売管理費で計上される。
- 金融サービスは，売れば売上が計上できる売上計上型製品ではなく，たとえば，住宅ローンのように30年間にわたり元本の回収と利息の徴収を毎月継続して行っていくことで収益が計上できる仕組みである。
- 金融サービスが長期にわたることで，当初の契約状況どおりにいかずに収益が計上できない可能性，すなわち収益があげられるかどうかについては"リスク"がある。顧客の信用状態が悪化して債権の回収が遅延や不能に陥ることがありうる[1]。これは信用リスクである。当初決めていた金利よりも社会全体の金利が上がってしまう場合などもある。これは金利リスクとして収益計上上のボラティリティ（変動可能性）となっている。

- 銀行商品のうち，最も一般的で銀行業しか取扱いのできない預金の利息は，財務会計上は支払利息である。つまり，預金を取り扱えば取り扱うほど支払利息が増え，費用がかさむ。預金とは，一般企業の仕入と同じである。預金とは，貸出金のための材料，すなわち原資である。銀行内で貸出総額が預金総額にくらべて少ない場合には，一般企業の在庫滞留と同様の現象となる[2]。

まとめると，銀行の商品性の特徴があげられる。1998年の投信窓販，2004年12月からの証券仲介解禁，そして2007年予定の保険取扱い規制全廃など，1996年の金融ビッグバンによって業態規制が緩和され，他の証券や信託等の預かり資産型商品の取扱いができるようになってきた。しかし，ほとんどの銀行では，伝統的な金融商品である預金や貸出金（ローン，割引手形等）の取扱いによる収益が全体の約9割を稼ぎ出しているのが実状である。そもそも，過去1873年に澁澤栄一が第一国立銀行を設立以来，銀行とは預金や貸金といった"ストック型商品"を取り扱うのが存在意義となっている。ストック型商品とは，いわゆる利息を損益とする商品のことである[3]。一般企業の勘定科目では営業外収益にあたるものであるが，銀行の場合にはそれが本業部分に相当する。一瞬のうちに収益があがるというわけではなく，ある程度期間が経過したのちに，はじめて利息収益が計上される仕組みとなっている。別の見方をすれば，銀行は残高さえあれば継続して損益[4]が発生する仕組みである。これを銀行では資産が生み出す収益といった意味で"ストック収益"と呼んでいる。

ストック型商品を扱うために銀行管理会計には次の2つの問題点がある。

第1の問題点は，一定の"期間"を必要とする業績測定のために，過去の資産の状況に引きずられる活動になりがちになる点である。たとえば，いまの支店長や担当者の活動にともなう業績ではなく，ストック収益だけであれば実は過去の資産によって発生する業績となる。そのために，経営計画や業務施策，さらに行員各人の営業方針がどうしても過去の資産を減らさないような行動になったり，逆に資産を守るような行動になったりするのである。しかし，ストック収益は高度成長期のような右肩上がりの経済下での健全資産であれば問

題ないが，貸出資産が不良化してしまうと途端に損失を抱えてしまう。バブル以前には信用リスクの高い貸出先であっても融資を継続してしまい，バブル崩壊後，担保価格の暴落とともに膨大な不良債権が残ったことが，まさにこの問題が全国規模で発生した現象である。

　第2に，ストック収益計算の問題である。ストック収益の計算式を次のとおり簡単な事例で示す。固定金利2％，毎月利息徴収，期間10年の証書貸付100百万円の場合，1ヵ月あたりのストック収益は次のとおりとなる。

$$ストック収益 = 貸付残高100百万円 \times 金利2％ \times 約定日数31日 / 365$$

　このうちの金利と日数が当初貸出契約を交わしたままであれば，顧客や市場が変化することによって，金利が割安になってしまうとか，約定日数を超えても返済や利息の支払が行われない，などといった可能性は時間が長期になればなるほど高くなる。つまり，銀行の収益の大半を占める利息収入の構造には，金利の変動可能性，顧客の信用状態変化の可能性，さらには決済可能性などの多くのリスクが内在しているのである。

（2）ステークホルダーの観点での銀行業の特徴
　ステークホルダーの観点では，銀行業と一般企業とは次の点で異なっている。金融商品のうち，企業融資や個人ローンなど貸出金勘定は銀行の債権となり，その受入利息は収益として認識されるが，反対に預金は，銀行にとって顧客に対する債務となる。そのため財務会計上では，預金利息は銀行にとっての費用でしかないが，預金総額は銀行にとって顧客への貸出のための重要な原資[5]であり，費用だからといって預金を集めない行動に出てしまうと，貸出ができないことになる。

　一般企業の場合には，製品の原資は仕入材料や仕入商品に相当するが，その仕入先は関連企業などの取引企業となる。それに対して，銀行では貸出を行うための原資である"預金"は"顧客"から集めなければならない。つまり，貸出金は顧客に対する銀行の"債権"であるが，預金とは顧客に対する銀行の"債

務（負債）"となり，銀行にとって顧客というステークホルダーは債権／債務両方の利害関係が存在することになる。預金は銀行にとっては負債であり，一般には債務がある先を顧客とは呼ばない。しかし，銀行の場合には，預金の総額を原資として企業へ貸出を行うことで収益をあげるビジネス構造であるため，"預金総額の拡大＝預金顧客の獲得"に向けてサービス向上に努めなければならない。このような金融機関と顧客との関係性は，労働金庫や信用組合，および相互会社形式の保険会社において明確に分かる。たとえば，労働金庫や信用組合の場合には預金者はそれぞれ会員や組合員と呼ばれ，相互会社形式の大手の保険会社では保険契約者のことは社員と呼ばれる[6]が，一般企業でいう仕入先・取引先や関係会社といった呼び方の関係性と同じである。

　銀行の場合には，すべての顧客から収益があがるのではなく，預金だけの顧客は，損益の観点だけでみれば費用となる。しかし，銀行の貸出原資は，ほとんどは預金からのものであることを認識する必要がある。このように，銀行の顧客は一般企業における顧客とは異なり，キャッシュ・フローが逆（すなわち銀行からキャッシュ・アウトする）の顧客が存在するということになる。

　さらに，忘れてはならないのは，従来の大蔵省（現 金融庁）などの金融当局の存在である。当局は厳密には銀行に対して利害関係をもつわけではないので，直接的なステークホルダーではない。しかし，銀行業に対する規制や指導は，相当に強く銀行経営に影響を与えていた。たとえば，戦後高度成長期に大蔵省が行った"護送船団行政"などは，経済の持続成長のために銀行の金利を取り決め，銀行の出店についても完全に規制していた。したがって，金融当局による規制や指導は，次の理由から銀行管理会計にも相当に影響を与えてきたと考えられる。

　金融当局による銀行に対する規制や指導は，戦後復興後，産業の資金ニーズを満たすべく銀行経営の社会的な影響を考慮したうえで，銀行に社会的責任にもとづく経営を行わせるために，"市場や顧客，さらに地域社会の声を代弁する"形で行われたとみることができる。そうならば，銀行にとって金融当局は間接的にはステークホルダーと考えられる。一方，一般企業の場合には，製品

の価格規制や支店の出店規制など，当局からそこまで手厚く厳しい規制や指導が与えられることはあまりない。銀行のステークホルダーとして，間接的にでも金融当局が存在する点については一般企業の場合とは大きな相違点である。

（3）戦略策定の観点での銀行業の特徴

　戦略策定の観点での銀行業の特徴についても，高度成長期の金融当局の"護送船団行政"の影響がきわめて大きいと思われる。高度成長期は，政府当局が銀行を潰さない政策であったため，現在にくらべると各銀行が経営戦略を十分に練るよりも他の銀行と同じ経営をやっていれば済むといった環境といえなくはなかった。すなわち，護送船団行政下ではいわゆる"横並び経営"が行われ，バブルが崩壊して1990年代に入ってからは，金融当局の姿勢が"市場の原理"志向となり，銀行に対して自己責任にもとづく経営が求められるようになった。バブル崩壊後，銀行戦略の必要性が銀行経営者に強く意識されるようになったのである。たとえば，1990年代後半のさくら銀行（現 三井住友銀行）の"選択と集中"や，あさひ銀行（現 りそな銀行）の"リテール重視戦略"などが，当時策定された銀行の経営戦略であった。

　1960年代から1980年代後半までの約30数年間は，高度成長を経て持続的成長を目指して銀行を護送船団方式で経営させたが，その代わりに銀行独自の経営戦略はあまり必要とされず，そのため当該期間に戦略策定と実行に対する銀行管理会計の活用についてはほとんど認めることができない。一方で，一般企業の場合には，市場で生き抜いていくための独自の経営戦略とそのための管理会計の必要性があきらかであることに対して，銀行の場合には1980年代まではそれほど強く必要とされなかったようにみえることとは対照的である。

　まとめると，銀行は"護送船団行政"といった，大蔵省が銀行経営に深く関与または手厚く庇護する特異な業種であった。第二次世界大戦後1980年代まで，高度成長の立役者となった時代もあったが，大蔵省は銀行を潰さない環境を続けたのである。そのため，銀行経営者には少なからずモラルハザードが生じ，自行の経営に関して独自の戦略をもつこともなく，いわゆる"横並び経

営"が行われていたのである。バブル崩壊後,市場原理が意識され,とくに1996年の金融ビッグバンでは銀行経営に基本的には自己責任の原則が導入されたにもかかわらず,最近の金融庁の銀行経営への細かい関与を見るかぎり,過去の護送船団行政下に逆戻りしているようにさえ思えてくる。

最近,銀行でもCSR(Corporate Social Responsibility)経営のIRでの公表や,中小企業への経営コンサルタントの実施など,地域社会との共生と中小企業への支援といった社会的責任経営がいわれるようになってきた。これも同様に,2003年3月の『リレーションシップバンキングの機能強化に向けて』(金融庁金融審議会,2003)によるアクションプログラムとして金融庁より準制度的に指示や指導が行われることで,各地域金融機関で意識され実行されようとするに至ったとみることができる。

次節では,以上の特徴をもつ銀行業における管理会計についての先行研究をレビューする。

1.2 銀行管理会計の先行研究

(1) 1930年代から1960年代までの銀行原価計算を中心とした先行研究

わが国の銀行管理会計の研究は,最初は銀行業への原価計算の適用についての研究から始まった。加藤(1930)によれば,わが国ではじめて銀行の原価計算に関する研究書が発刊されたのは,1926年の大阪銀行集会所の懸賞入選文集であるとされる。それ以来,昭和初期にかけておもに原価の配賦手順についての研究が進められてきた。

当時の銀行原価計算の内容は,非常に精緻に原価計算手続きを説明するものであった(加藤,1930;岩垂・芳野,1936)が,原価計算自体の手間とコストの問題,精緻さの限界,原価は収益とあわせてみる必要性など,現在でも銀行原価計算の基礎となっているものも見受けられる。ただし,金融機関の原価計算は,「1956年の大蔵省通牒のなかで預金などの吸収形態別原価計算の実施が勧奨されたものの,実際には,2,3の店舗で試行した銀行があったくらい」

（山高，1964, p. 12）とあるように，1960年前半までは原価計算の配賦計算モデルについての研究は進められたものの，銀行経営の実務として原価計算制度を行う段階には至らなかったようである。

　富士銀行経理部次長であった矢本によれば，わが国銀行業への管理会計の体系をはじめて組織的に公表したものは『計理』上下2巻（矢本，1952）であるとされる。それは，ちょうど1950年前後の管理会計研究の高揚[7]を背景として，銀行業の経理として発刊された。さらに，1957年に矢本はわが国銀行業の管理会計をはじめて体系的にまとめた『銀行管理会計』（矢本，1957）を発表した。

　矢本の『銀行管理会計』は，当時富士銀行（現 みずほ銀行）で行われていた管理会計実務を背景とした非常に説得力ある管理会計技法の説明内容であったが，それだけではなく，銀行の管理会計全体を体系として整理している点でも大変貴重な内容となっている。銀行管理会計のネーミングも矢本が最初であるが，銀行の管理会計全体を体系として整理したのはわが国ではじめてといえる。

　東海銀行（現 三菱東京UFJ銀行）事務統括次長であった山高は，『銀行の原価計算』（山高，1964）を発表した。内容は，当時の銀行原価計算の目的，仕組み，効果，そして課題と今後のシステムの有用性を述べた実務的に画期的なものであった。同じく，山高は『新銀行実務講座　銀行会計』（東海銀行総合企画部編，1967）を発表した。これは矢本の『銀行管理会計』と同じく有斐閣の銀行実務講座シリーズの5年後の全面改訂版であったが，矢本の内容とは大きく変わっている。とくに，矢本の『銀行管理会計』では今後の予兆として触れられているだけであったコンピュータ・システムの利用について，山高は銀行の財務会計，管理会計，内部監査において電子計算機（コンピュータ・システム）を利用せざるをえない状況として章を独立させている（東海銀行総合企画部編，1967, pp. 477–508）。

　銀行管理会計の先行研究はそれほど多くはないが，1924年にJames Oscar Mckinsey（1924）によってはじめて"管理会計"（Managerial Accounting）

の言葉が使用された著書が出版[8]されてから,ほんの6年後の1930年には銀行の原価計算(加藤,1930)が検討されていたのには驚嘆の至りである。戦後の高度成長期になってようやく銀行業の管理会計の適用が銀行実務家によってあらわされ(矢本,1952),銀行管理会計がはじめて検討領域として意識されるようになったのである。しかし,その後の先行文献はほとんど見当たらない。それは,銀行管理会計に携わるのが研究者よりも銀行実務家がほとんどであったからではないかと思われる。

以上のとおり,1930年代から1950年代までは銀行の原価計算がおもに研究された。1950年代から1960年代にかけては,わが国で管理会計の業種別研究に注目が集まったことと,銀行業務にコンピュータ・システムが適用されはじめたことから,それにあわせて銀行業への管理会計適用に関する研究書が発表されたと考えられる。

(2) 1970年代から銀行のリスク管理を中心とした先行研究

1970年代から1980年代にかけては,文献としてほとんど銀行の管理会計は発表されていない[9]。ただし,ALM(Asset Liability Management;資産と負債の総合管理)やリスク管理の研究は進んだ。

ALMは,岡・楠本(1989,p.2)によれば,1975年にJ. V. Bakerが提唱した銀行商品の資産負債を管理するための手法である。アメリカでは1980年頃より浸透したが,日本では1985年頃より都市銀行を中心に実施されてきたとされる。ALMの基本的な考え方は次の5点であった。

① 資産負債の対応関係を重視
② 金利変動に敏感な資産(金利感応的資産)と負債(金利感応的負債)を,とくにきめ細かく管理
③ 金利リスクを管理
④ 資産と負債のミスマッチを3つの局面(残高,期間,金利)で管理
⑤ 資産負債構成や収益費用構成を組み替えた損益シミュレーションを実施(このことから当時,ALMのことを財務諸表の戦略化といわれた)

初期の ALM は金利リスクの管理にマチュリティーラダー分析が採用されていた。マチュリティーラダー分析とは，金利感応的資産と負債を満期日までの期間ごとに区分し，それぞれの区分ごとにギャップを分析していく手法である（岡・楠本，1989，p. 206）。当時のシステム性能からみても計算が簡単であることが重要なポイントであったが，もともとマチュリティーラダー分析手法には次のような問題点があった。

- 満期ごとにギャップ，金利感応度比率，ギャップ比率などをみていかなければならないのでデータを一目で分析できない
- 利息のキャッシュ・フローが考慮されない
- ミスマッチが金利収益にどのように影響を与えるかを計算できない

　システム性能が上がり，金融工学の影響から都市銀行を中心に1989年頃からデュレーション法やBPV[10]（Basis Point of Value；金利感応度）が採用されるようになった。さらに，1996年の BIS 規制の改定案[11]において銀行のトレーディング勘定の市場リスク計測方法に対して VaR（Value at Risk；バリュー・アット・リスク）が採用された。その結果，現在では ALM 管理における市場リスク管理は BPV から VaR が主流となっている（池尾・永田，1999）。

　VaR とは，金融資産を保有する一定の期間内に一定の確率の下で被る可能性のある予想最大損失額である。現在保有している資産が，絶対金額として最大でどの程度損失する可能性があるのか，過去の価格推移をもとに統計的に測定される。VaR によって，保有資産の値下がりが最悪の場合に，その最大損失金額がどの程度になるのかを認識することができることから，銀行経営に与える影響を考慮して，資産構成の見直しや損失に対して自己資本増強などの具体的な施策をとることが可能になった。

　このように ALM は，銀行勘定の資金収益（預金，貸金）の期間のミスマッチをはかることで，流動性リスクや金利リスクを把握する。貸出のための原資である預金を適正に管理するといった点で一般企業の在庫管理に相当するものと考えられる。つまり，ALM は銀行商品のための在庫管理手法であるとすれば，銀行管理会計の範疇と考えることができよう。

一方，金融機関においてリスク管理が活発化した最大の要因は，1980年代末から加速したデリバティブ市場の拡大と，1988年のバーゼル合意（BIS 自己資本比率規制[12]）をはじめとする当局規制である。リスク管理の基礎理論の研究そのものは古くからあった。Markowitz（1952）の現代ポートフォリオ理論，Sharp（1964）と Lintner（1965）によるシステマティック・リスクの発見とβ（ベータ）理論の発表，そして Black and Scholes（1973）や Merton（1974）によるオプション評価に関する一連の研究などである。彼らの多くはノーベル賞を授与されている。そして，1980年代以降は，理論研究よりも実務面への応用が目覚ましく活発化した。彼らの研究によって，金融工学の基礎はほぼ完成された。しかし，これら金融工学の研究はあくまでも証券投資に関するものであり，企業の経営管理や管理会計への適用に関しては十分に検討されていなかった。

　前述のとおり，ALM 管理における市場リスク計測に VaR が採用されることとなり，ALM 管理と市場リスク管理が VaR によって一体化することとなった。最近では，信用リスクの計量化にも VaR の適用は標準的になり，さらにオペレーショナル・リスク[13]に対しても VaR の適用が検討されている。方向性として，ALM 管理・市場リスク管理・信用リスク管理が統合リスク管理として一体運用されるようになってきている[14]。

（3）1990年代以降のリスクを考慮したパフォーマンス測定に関する先行研究

　Kimball（1993）は，銀行管理会計には"リスク調整後 ROE（Return on Equity；自己資本利益率）"が適しているとした研究論文をあらわした。Kimball はリスクに応じて個々の事業部門へ資本を割り当てることで実際の"リスク調整後 ROE"を算定し，さらに，事業部門別のリスクに応じたハードルレートを設定した"ハードル ROE"を算定したうえで，それぞれの差異を"超過 ROE"として管理する方式を提唱した。これは，1990年代研究が活発化した RAPM（Risk Adjusted Performance Measurement；リスク調整後業績測定尺度）の一形態と考えられる。ただし，Kimball のリスク調整後 ROE のモデ

は，リスクが調整された資本であったのに対して，分子の利益に対してリスク調整が十分には行えていないことや，経費の配賦モデルについて考慮されていない点などの問題があった。

RAPMの原型は，1970年代半ばよりバンカース・トラストが実務で適用していたRAROC (Risk Adjusted Return on Capital；リスク調整後資本利益率) が銀行業におけるリスク調整後業績評価の最初といわれている (Bankers Trust New York Corp, 1993)。バンカース・トラストのRAROCについては，これまで社外秘として管理され銀行内だけで高度化されてきたもので，具体的な内容についての論文はほとんどない[15]。

そのなかで，スイス銀行 (SBC) のエグゼクティブ・ディレクターであるChris Mattenが1996年当時の銀行業界で実施されていたRAPMを体系化させている。Matten (2000) によれば，RAPMにはバリエーションがあるが，最近ではRAROCに収束しつつあり，その計算式は基本的には次のとおりとされる。

RAROC ＝ (収益－コスト－信用コスト)／リスク資本

ここで，信用コストとは，銀行の貸出が毀損する可能性の金額を過去の実績から統計的に計算したものである。すなわち，信用リスクにともない平均的に損失が見込まれる損失額である。また，リスク資本 (Risk Capital) とは予測できない損失に対して備えるべき資本を意味しており，経済的資本 (Economic Capital) と呼ばれることも多い。リスク資本の算出には，資産ボラティリティ・アプローチと収益ボラティリティ・アプローチの2つの方法があるとしている (Matten, 2000)。

Matten (2000) のまとめたRAROCによって，標準的な銀行業におけるRAPM手法が確立されたといえる。しかし，RAROCは，レピュテーション，良好な顧客とのリレーションシップ，高スキルな人的資産などのアップサイドの知的・無形の資産価値が評価されず，どちらかというとダウンサイドのリスクだけを調整した指標となっている点にまだ課題が残されている。

また，当時ロイヤルバンク・オブ・カナダのマネジャーであった Mei Han と，ノバ・スコシア・バンクのシニア・マネジャーであった Zhiyong Jerry Shi は，貸出案件ごとに IRR（Internal Rate of Return；内部収益率）や NPV（Net Present Value；正味現在価値）を超える収益を獲得するための RAROC の適用方法を提案している（Han and Shi, 1997）。さらに，Culp（2000）は，銀行内の事業部門へ資本を割り当てる際には事前 RAROC[16]が適しており，過去の事業部門の業績評価を行う場合には，事後 RAROC[17]がふさわしいとしている。これらの研究は，RAROC の適用に関する研究であって，RAROC そのものの高度化に関する研究ではなかった。

以上のとおり，1990年代以降はリスク調整後 ROE や RAROC などのフレームワークによって，リスクとリスクをカバーする自己資本の効率性をはかる指標の研究が行われ，その面での先行研究が多い[18]。バブル崩壊後とくに資産の大小ではなく，「リスク・リターン[19]」によるパフォーマンス管理が銀行管理会計において実施されるようになったと考えられる。一般企業の管理会計で計算される ROC（Return on Capital；資本利益率）や ROE が，銀行のストック収益に適用するにあたってリスクが調整されて RAPM になったと考えられる。

すなわち，ALM やバーゼル合意で管理対象とされてきた銀行業における"リスク量"というパラメータが銀行管理会計に取り込まれるようになったのである。筆者は，これを「銀行の管理会計とリスク管理の融合」と考える。次章以降の銀行管理会計の詳細な歴史的考察の中で，いつごろから銀行管理会計にリスク管理の融合がはじまったのかをより詳細に分析する。

（4）1990年代以降の銀行への FTP，ABC，BSC 適用に関する先行研究

1990年代以降の銀行の収益管理では，Webb（1994）が FTP（Funds Transfer Pricing；資金振替価格方式）を検討している。1980年代までは1つの本支店レートだけで管理されていたが，FTP によれば，商品・実行時期・期間別の口座ごとの複数の振替価格（複数の行内金利）できめ細かく管理するように

なり，より精緻な収益管理が行えるようになるとした。さらに，口座ごとにそれぞれ個別のスプレッド（対顧客向け金利－行内振替金利）で管理することによって，顧客別の収益性管理がより精緻化されると同時に，適正金利の算定が行える。ただし，Webbによれば完全な複数の金利によるFTPの適用は，精度と努力のトレードオフであると分析している。

　Webb（1994）のまとめたFTPでは，普通預金など流動性の高い商品の振替価格が設定しにくいといった問題もまだ残されている。しかし，わが国では都市銀行を中心に，1995年より適用が検討され，1996年には実際に実務運用が開始された。地方銀行などへの適用については，大久保（1996）が銀行実務家向けにFTP管理を紹介した書籍を出版して，あわせてパッケージ・ソフトウェアの会社を設立して販売をはじめたことにより現在では相当な数の地方銀行にFTPが導入された。

　1990年代以降の銀行原価計算についての先行研究は，ABC（Activity-Based Costing；活動基準原価計算）の適用に関するものが多い。ABC創始者であるKaplan and Cooper（1998）は英国のコーポラティブ銀行のケーススタディを行っている。コンサルタントのCokins（2000），Karr（1994），Sharman（2000）らは，銀行へのABC適用の有用性を検討している。同じくコンサルタントであるが，Mabberley（1999）は，ノース・ヨーロッパ銀行，パーカー銀行，プラチナム銀行，インペリアル生命などさまざまなケーススタディを行っている。これらの文献はコンサルタントが作成しているため，どうしても学術的な研究文献というよりも，ABCコンサルタントサービスの拡販の意思が背後にあるようなABCレポートになっているのが残念である。

　わが国においては，櫻井（2000；櫻井編，2004）がサービス業へのABC適用のための理論と論点を検討したうえで，あさひ銀行（現 りそな銀行）（髙木，2004）とさくら銀行（現 三井住友銀行）のケーススタディを行っている。小田切（2002）は，ドイツにおける銀行経営の原価計算をとりあげ，実際の適用の問題について考察している。

　また，銀行管理会計とステークホルダーや戦略との関係についての先行研究

は，青野（2001）がソニーのガバナンス制度と日本の都市銀行を比較検証しているが，そのなかでさくら銀行のデシジョン・カンパニー制とそのための統合ROE運営とABCの有用性について検討が行われている。また，銀行のメーンバンク制を通じての企業へのガバナンスを検証する文献が多いなかで，宮本（2004）の文献は，反対に銀行に対するガバナンス・フレームワークとステークホルダーとの関係性をモデル化している。そこでは，一般企業との違いを示したうえで金融当局との関係が銀行経営に強い影響を与えている点を指摘している。

銀行BSC（Balanced Scorecard）については，Frigo et al.（2000）によって地方銀行へのBSC適用が検討されており，わが国では近畿労働金庫にはじめてBSC適用のケース（櫻井，2003）が紹介され，南雲（2003）は東京三菱銀行（現 三菱東京UFJ銀行）米州本部で自ら行ったCOSO[20]のフレームワークを実現するBSCの適用事例を紹介した。文献にはなっていないが，その他の事例として2003年6月5日SASジャパンのセミナーでスルガ銀行取締役によって同行へのBSC導入が報告され，2003年7月30日の日経金融新聞で鹿児島銀行のBSC導入に関する記事が紹介されている。

最後に，銀行管理会計の先行研究の歴史的な変遷概要をモデル化したものを図1-1に示す。このうち1936年の予算統制については，矢本（1957）の「少なくとも1936年の安田銀行（現 みずほ銀行）では予算統制が行われていた」とする内容をもとにしている。

おわりに

本章では，2つの論点（銀行管理会計の特殊性，先行研究のレビュー）で検討を行った。

第1に，銀行管理会計の一般企業との管理会計に関する違いを検討することで，銀行管理会計の特徴をあきらかにした。その結果，次の特徴がまとめられた。

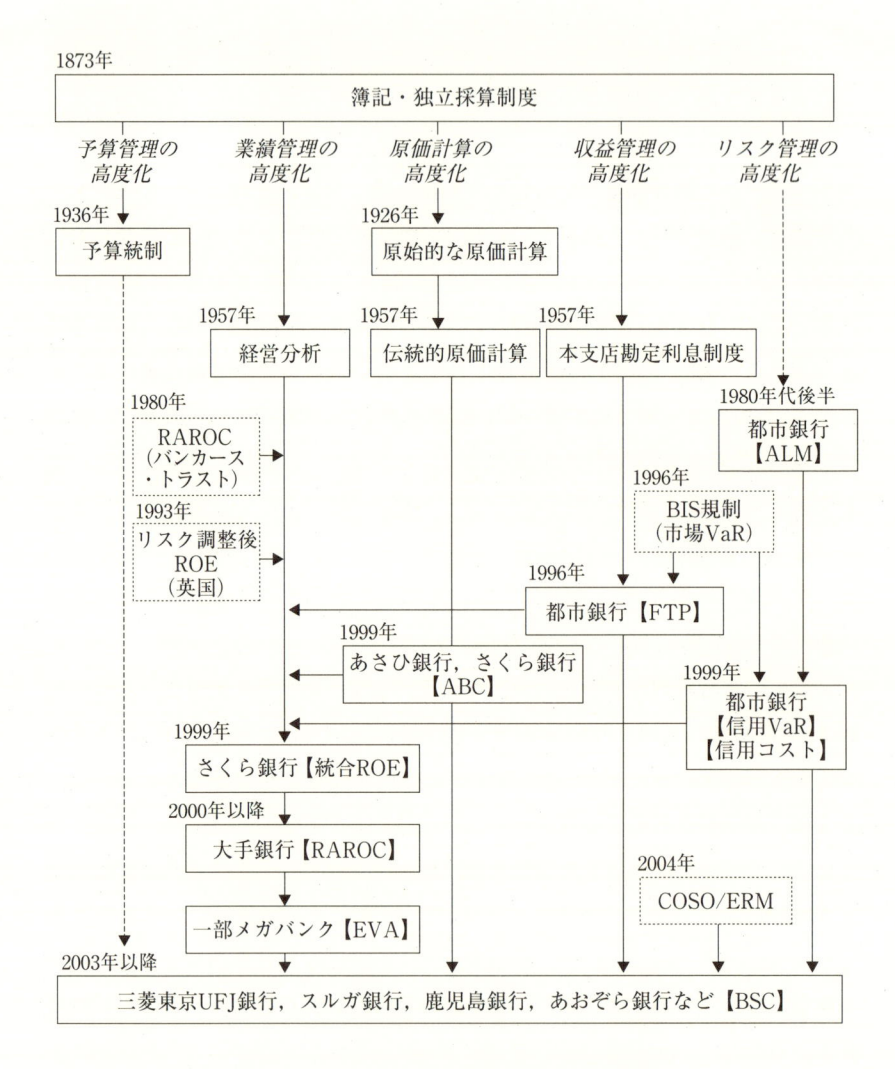

```
                    1873年
                ┌─────────────────────────────────────────┐
                │       簿記・独立採算制度                  │
                └─────────────────────────────────────────┘
   予算管理の    業績管理の    原価計算の    収益管理の    リスク管理の
    高度化        高度化        高度化        高度化        高度化

   1936年                     1926年
  ┌──────┐                  ┌────────────┐
  │予算統制│                  │原始的な原価計算│
  └──────┘                  └────────────┘
              1957年         1957年         1957年
            ┌──────┐     ┌──────────┐   ┌──────────────┐
            │経営分析│     │伝統的原価計算│   │本支店勘定利息制度│
            └──────┘     └──────────┘   └──────────────┘
                                                      1980年代後半
            1980年                                   ┌──────┐
          ┌────────┐                                │都市銀行│
          │ RAROC  │                                │【ALM】│
          │(バンカース│               1996年          └──────┘
          │・トラスト)│             ┌──────────┐
          └────────┘             │  BIS規制   │
           1993年                │(市場VaR)  │
          ┌────────┐             └──────────┘
          │リスク調整後│
          │  ROE    │   1996年
          │ (英国)  │ ┌──────────┐
          └────────┘ │都市銀行【FTP】│
                     └──────────┘
                1999年
              ┌──────────────┐
              │あさひ銀行,さくら銀行│   1999年
              │   【ABC】    │ ┌──────────┐
              └──────────────┘ │  都市銀行   │
          1999年                │【信用VaR】 │
        ┌──────────────┐       │【信用コスト】│
        │さくら銀行【統合ROE】│    └──────────┘
        └──────────────┘
          2000年以降
        ┌──────────────┐
        │大手銀行【RAROC】│
        └──────────────┘
        ┌──────────────┐          2004年
        │一部メガバンク【EVA】│    ┌──────────┐
        └──────────────┘          │COSO/ERM │
                                 └──────────┘
        2003年以降
   ┌────────────────────────────────────────────────────┐
   │三菱東京UFJ銀行,スルガ銀行,鹿児島銀行,あおぞら銀行など【BSC】│
   └────────────────────────────────────────────────────┘
```

図1-1　わが国の銀行管理会計の変遷概要

① 銀行は，ストック型商品の損益管理に特徴があり，最も収益をあげる貸出金（融資やローン）の受取利息や，そのための原資である預金の支払利息の管理が重要である。ストック商品を管理することから，銀行の収益計上には"時間の経過"といった要素が必要になる。そのために，銀行管理会計には1990年代後半にリスク量が取り込まれる。

② 銀行のステークホルダーのうち顧客に関しては，一般企業とは異なる関係性を有している。すなわち，銀行にとっては，預金者＝貸出先＝顧客であり，一般企業でいえば仕入商品か材料を仕入れる先と，商品を提供する先が同一といった関係性をもっている。また，銀行は預金といった負債によって預金者（顧客）からガバナンスを受けていると考えられる。

③ 戦略策定の観点でも，銀行業は一般企業と大きく異なっている。すなわち，高度成長期からバブル期までは護送船団行政のために，銀行独自の戦略はあまり必要とされなかった。バブル崩壊後の1990年代後半には，自己責任の原則といった市場の原理が導入され，そこではじめて銀行特性にあわせた独自の銀行戦略の必要性が認識されるようになった。

第2に，銀行管理会計の観点で，国内外の先行研究を整理しレビューを行った。わが国では昭和初期より銀行に管理会計の適用が検討され，1957年には銀行管理会計をはじめて体系化させた文献が発表された。その後，バブル崩壊までは伝統的な原価計算や支店別管理会計などが実務的にも適用されてきた。一方，1970年代よりALM管理やリスク管理がより高度化され，銀行の経営管理のひとつとして導入されはじめるようになった。当時はまだALM管理やリスク管理は管理会計と別の研究領域として，金融数学や金融工学の分野で研究されていたにすぎない。1980年代より証券市場の高まりとともに金融工学理論の実務適用が活発化し，1990年代後半にはVaRの登場によって，ついに銀行管理会計とリスク管理が融合することとなったのである。最近では，銀行管理会計指標としてリスク調整後指標（RAPM）であるRAROCの研究が進んでいる。

一方，1990年代後半より収益・原価管理の分野ではFTPやABCといった

本支店勘定利息制度や伝統的原価計算の課題を解決する銀行管理会計の仕組みが研究され，大手銀行のケーススタディが公表された。さらに，2002年より財務指標だけでなく非財務指標の管理や戦略性の取り込みのために銀行業へのBSCの適用事例の発表がなされた。

以上のとおり，本章では銀行管理会計と一般企業における管理会計との相違点を整理したうえで銀行管理会計の先行研究を分析した。次章では，わが国の銀行で実際に適用された銀行管理会計の内容と問題点を歴史的に整理・分析することによって，銀行管理会計の変化に及ぼされた背景や要因を検討していくこととしたい。

注
1) 一般企業における売掛債権の回収リスクとして存在するものと同様である。銀行の主要な商品である企業融資や個人向けローンは，期間が長いほど利息の徴収や元本返済のリスクが大きい。
2) 銀行，信金，労金では，「預貸率＝預金総額／総資金量」として管理している。
3) 手数料によって収益計上の行われる商品やサービスは，フロー型商品といわれる。したがって，有価証券はフロー型商品といわれる。
4) 貸出金利息は収益であり，預金利息は費用である。
5) 大手銀行になればなるほど市場からの調達が活発であるが，中位・下位の銀行では融資やローンなどの貸出金の原資のほとんどは，顧客からの預金に頼っている。
6) 相互会社形式の保険会社では，契約者から毎月振込まれる契約金に対して保険支払準備金として総資本の9割以上を占める膨大な負債が計上されている。
7) 当時，『経営計理論』(古川，1949)，『管理会計』(青木，1950)，『経営管理会計』(溝口，1950)，『管理会計』(松本，1956)が相次いで発刊された。
8) Mckinsey (1924) の *Managerial Accounting* である。松本 (1973) によっても「アメリカではじめて管理会計 (*Managerial Accounting*) という著書が出版されて既に50年近くの歳月がすぎている……」とされ，その引用文献はMckinsey (1924) であった。
9) 銀行実務家向けの書籍であったが，諸井・米田 (1978) の『銀行経営講座3　利益管理』は，当時の営業店利益管理や原価計算について詳しくまとめてあり，当時の参考文献として価値が高い。
10) BPVとは，金利が1ベイシスポイント (0.01%) だけ変化したときの商品現在価値の変化額を示す。すなわち，商品の金利感応度を示すものである。

11) バーゼル銀行監督委員会のパブリックコメント「マーケット・リスクを自己資本合意の対象に含めるための改定」(Basel Committee on Banking Supervision, 1996) のこと。なお、日本銀行仮訳は日本銀行HP (http://www.boj.or.jp) にある。
12) 国際的な金融取引を行う銀行に対して導入された国際的な規制である。スイスのバーゼルにあるBIS (Bank for International Settlements：国際決済銀行) が、銀行の経営の健全性を保つために自己資本比率の規制を求めたものである。
13) この場合のオペレーショナル・リスクとは、2006年末適用開始の新BIS規制であるバーゼルⅡによって規定される市場リスクと信用リスク以外の事務リスク、システム・リスク、リーガル・リスクのこと。
14) メガバンクや上位地方銀行では統合リスク管理部等を設置して、運用を行うようになっている。ただし、その他の地方銀行や信用金庫では、VaRの導入は未済でALM管理は従来のBPV等で別々に行われているところも多い。
15) たとえば、バンカース・トラスト (1993) の紹介や、御代田 (1994, pp.170-179)、池尾・永田 (1999, p.12)、西田 (1995, p.10) によって紹介されている。
16) 原文は ex ante RAROC となっている。
17) 原文は ex post RAROC となっている。
18) わが国の銀行におけるリスク調整後の管理会計適用状況については、2001年6月8日に日本銀行考査局リスクアセスメントグループによって「金融機関における統合的なリスク管理」(日本銀行, 2001) がまとめられた。
19) リスク・リターンとは証券市場におけるリスク対リターンの意味で、リスクを投資と考え、そのリスクに見合う効果 (すなわちリターン) を求める意味である。
20) COSOとはCommittee of Sponsoring Organizations of Tredway Commissionの略で、COSOレポートと呼ばれる米国の「内部統制の統合的なフレームワーク (枠組み)」のことである。1992年に最初のCOSOレポートがされたが、2004年9月に内部統制フレームワークを拡張する形で新COSOとしてERM (Enterprise Risk Management；エンタープライズ・リスク・マネジメント) が公表された。これはCOSO/ERMや新COSOとも呼ばれ、リスクを企業の戦略レベルで総合的に管理するフレームワークとなっている。

第2章 ▶ 日本の銀行誕生と管理会計

はじめに

　1873年（明治6），澁澤栄一によって日本で最初の銀行である第一国立銀行が設立された。1876年には民間ではじめて三井組が三井銀行（現 三井住友銀行）を設立した。以来，昭和初期の1930年代までの銀行管理会計とはどのようなものであったか。日本の銀行には Allan Shand によって早くから複式簿記の導入が行われていた。管理会計については，宮本匡章が「1920年代から管理会計の名称が一般化し，いわゆる財務会計と区別された新しい領域が開拓され，それが成長した」（宮本匡章，1969, p.33）と主張しているように，日本の銀行でもおそらく明治・大正・昭和初期にかけてはとくに管理会計が意識されていたわけではないと思われる。

　明治・大正・昭和初期は「管理会計の名称こそ用いられていなかったが，企業で用いられていた会計が，実質的に管理会計の職能をはたしていた時代」（宮本匡章，1969, p.33）であった。当時の銀行において管理会計と財務会計の区別がなく体系化されていなかったとしても，当時の銀行経営に適用された管理会計的技法[1]があったのではないかと推察する。

　本章では，戦前の三井銀行を中心にしてその管理会計状況を検討する[2]。とくに，管理会計的技法の活用状況やその技法が必要となった外的，内的な背景について検討したい。

2.1　明治・大正・昭和初期にかけての三井銀行の経営管理

　表2-1に，1899年から1903年上期までの三井銀行の支店別損益状況を示

表2-1　三井銀行の1899年～1903年の支店別損益状況　　（単位：円）

		1899年(明治32)上期	下期	1900年(明治33)上期	下期	1901年(明治34)上期	下期	1902年(明治35)上期	下期	1903年(明治36)上期
本店		120,194	210,090	147,298	61,872	▲1,596	▲21,502	108,309	122,674	177,249
深川支店		9,078	15,602	13,984	35,330	1,646	14,099	7,528	9,671	8,455
横浜支店		41,434	14,243	51,541	58,624	37,995	50,424	28,698	20,574	17,134
横須賀支店	○	▲45	2,460	5,851	7,989	5,472	3,125	383	▲1,254	▲7,128
足利支店	○	593	5,395	▲1,947	708	223	2,688	1,642	2,287	▲2,379
函館支店	○	3,026	3,436	7,066	13,553	5,153	6,373	3,242	379	▲13,396
小樽支店	○	8,255	6,309	7,756	6,408	7,512	9,908	10,176	121	2,732
大阪支店		20,779	89,070	50,279	69,176	33,062	36,879	29,669	34,054	▲15,905
京都支店		30,084	19,870	68,433	93,721	76,979	84,613	42,868	50,019	1,497
大津支店	△	2,174	3,129	8,657	18,895	11,301	17,014	4,225	5,391	▲5,845
神戸支店		19,396	46,706	53,926	▲1,874	25,603	71,658	17,635	28,764	28,136
和歌山支店	○	3,488	1,843	5,153	13,828	7,132	9,969	4,498	3,114	1,619
広島支店	△	1,703	2,941	8,595	3,441	16,430	16,508	8,318	4,000	5,583
下関支店	△	4,637	6,362	12,540	17,552	13,260	17,817	10,344	9,400	2,155
門司支店		25,329	39,645	25,870	34,061	17,470	11,651	17,538	42,677	17,013
三池支店	○	15,329	23,197	20,317	33,637	▲17,246	▲15,066	2,430	7,679	1,597
長崎支店	○	5,742	2,948	12,305	9,982	7,641	11,705	3,947	8,356	4,302
名古屋支店	○	3,518	223	17,018	20,136	17,784	14,204	10,310	56	▲6,417
四日市支店	○	3,989	▲6,029	8,940	11,721	10,746	11,043	7,051	▲4,727	▲5,447

（出所）三井銀行（1978b，p.27）より，筆者が一部加筆。1903年当時，第1段の廃止の検討が可能と判断された支店を○印で示し，第2段の廃止の検討が可能とされた支店には△印を付した。このうち1911年（明治44）までに横須賀，足利，函館，和歌山，三池，四日市の6店舗が実際に廃止されるに至った。

す。この支店別損益状況をみるかぎり，少なくとも当時は三井銀行において支店別の経営がなされていたとみられる。

　表2-2には，1911年三井銀行で行われた支店別の貸出標準額設定の状況をまとめている。三井銀行では，支店別の貸出標準額を設定して，預金対比で健全性を確保するよう本部で集中的に管理していた。支店側では，貸出標準額の範囲内であれば現場の判断で貸出先や貸出額をコントロールできるようにしており，貸出実行後の状況については支店長会議で支店ごとに報告が求められた。

　三井銀行においては支店の単位で利益計算や貸出金標準額などによる統制が

表2-2　1911年の三井銀行支店別貸出標準額と実際の貸出状況

支店名	貸出標準額 (単位：万円)	実際貸出高 (単位：万円)	職員数 (単位：人)
本店		2210	83
深川支店	700	779	23
横浜支店	1100	833	31
小樽支店	120	135	14
大阪支店	1100	967	40
大阪西支店	220	249	17
京都支店	470	424	34
大津支店	45	37	9
神戸支店	650	643	31
和歌山支店	130	110	18
広島支店	45	56	15
門司支店	250	333	20
長崎支店	45	47	13
名古屋支店	370	404	21

(出所) 三井銀行 (1978b, p.149) の1911年 (明治44) 6月30日の各店貸出標準高と貸出高と，三井銀行 (1978a, p.178) の1911年職員変遷表より筆者が作成。

行われ，さらに三井銀行の報知付録や支店長会議録をみるかぎり，これらの指標によって当時から経営の意思決定や業績評価が行われていたのではないかと推察される。しかし，当時はまだ管理会計という概念はなかったので，この三井銀行における支店別の管理は，宮本 (1969, pp.39-43) の主張する「管理会計の前段階」[3]ではないかと考えられる。そこで，次節では三井銀行の事例をもとに銀行管理会計の前段階の状況をより詳細に検討する。

2.2　銀行管理会計の前段階

明治・大正，そして昭和初期においては，まだ銀行業における管理会計という概念はなかった。1957年に『銀行管理会計』を著した矢本によれば，「管理会計は，経営の管理に役立つ会計技術の『体系』であるから，それは，各種の会計技術が体系化し組織化されたときにおいて，はじめて管理会計と称し得る

ものとなるのである。実際原価計算とか，経費のみを予算により統制するとか，経営分析または信用分析とかは，それがたとえ経営の管理に役立っていたとしても，独立のものとして断片的孤立的に理解されていたならば，それは管理会計とは言い難い」と述べ，1952年までは銀行には管理会計の体系がなかった（矢本，1957，p. 26）と主張している。

そこで，前述の戦前の三井銀行に認められる管理会計の前段階の内容に対しては，今日の管理会計の考え方からみて当時の三井銀行における管理会計的機能[4]の状況を確認し検討することにしたい。

（1）三井銀行における銀行管理会計の前段階

明治・大正・昭和初期においては銀行管理会計の体系は未熟であったとしても，三井銀行の経営実務の面において管理会計的機能が次の2点で認められる。

第1に，表2-1のとおり三井銀行では少なくとも1899年には支店別管理が行われ，1903年には支店別利益計算の結果が経営の意思決定に利用された。『三井銀行史料6　報知付録』によれば，「三井銀行の各支店は元来銀行商売の必要よりはむしろ公金取扱の関係上設立せられしもの多きをもって公金取扱全廃後の今日単に収支計算上より要否を区別するときは比較的不必要の支店すくなしとせず。（中略）。三池，足利，函館，小樽，和歌山，長崎，名古屋，四日市，横須賀の9支店の明治32年上～36年上期における各支店の純益金の推移を表示し，これら9支店を廃するは第1に預金600万円の責任を免れ，第2に当上期のごとき損耗を免れ第3に経費を節約することを得るなり」（三井銀行，1978 b，p. 26）となっている。支店閉鎖の検討が支店の収益性を参考にして判断されたことが分かる。

表2-1には，1899年から1903年上期までの各支店の損益推移を示したが，その支店別利益指標の傾向から上記9支店が廃止可否の意思決定に利用されたのである。その結果，1911年（明治44）までに，横須賀，足利，函館，和歌山，三池，四日市の6店舗が実際に廃止されることとなった。

第2に，表2-2には貸出標準額を支店別に設定する様子を示したが，その支店別の貸出標準額とは，大手銀行で現在実施されている"リスク予算管理"または"リスク極度[5]管理"と同様のものとみなすことができる。リスク予算とは，ある事業期間の銀行全体のリスク量をもとに支店別の予算として設定されるものであるが，現在大手銀行では銀行全体の自己資本以内に銀行全体のリスク量をコントロールするように支店別にリスク予算（またはリスク極度額）を設定する。1911年の三井銀行の支店別貸出標準額には，現在のようなリスク量計量化の概念はないが，仕組み自体は全体のリスク量を抑えるために支店別にリスク予算を設定するものであり，銀行の予算統制の一部と考えられる。つまり，貸出標準額の設定は，銀行経営の健全性確保を目的に貸出金の予算によって支店統制する管理会計的実務であると考えられる。

　このように，三井銀行は，日本で最初の民間銀行ということだけでなく，日本最初の株式会社である点でも，銀行管理会計研究だけでなくわが国における管理会計の研究対象として非常に注目される。しかし，三井銀行の支店別管理実務の中に，結果的に管理会計的な利用や仕組み，すなわち管理会計的技法が認められるだけであって，当時の三井銀行が体系化された管理会計を行っていたわけではないことに注意が必要である。

(2) 昭和初期の銀行原価計算研究

　ちょうど大正から昭和の時代にさしかかるころに，銀行原価計算の研究が行われた。そのころは1927年金融恐慌と1930年昭和恐慌によって，取り付けや破綻が相次いだ銀行経営受難のときであった。そのため，一般企業で行われる原価計算を銀行業へ適用して経営の効率化を図ることが考えられた。

　その結果，加藤（1930）や岩垂（1936）によって銀行の実務的見地から研究されたり，太田（1933）によって理論的に研究されたりしたが，矢本（1957）は当時の銀行業への原価計算適用の状況について次のように整理している。銀行の原価計算は「1926年（大正15）には大阪銀行集会所の募集に応じ各銀行の行員が論文を寄せる段階まで普及し，かつその論文集は出版されて当時の銀行

員の関心を高め，版を重ねたのであった。特に，1937年（昭和12）に安田銀行が全支店を動員して行った内国為替原価計算は，東京における手数料協定銀行に適用[6]され，当時10銭であった送金手数料が20銭に改訂せられたのであった。しかもこの結果は内国為替の改善と能率化を一層促進し，本支店為替の改正となりやがて内国為替集中決済制度の創案となったのであって，まことに実践的な意義に富んだものであった」[7]（矢本，1957，p.27）。

このように，銀行原価計算への取り組みは少なくとも1926年には検討が開始され，1937年には原価計算の結果をもとに為替手数料の算定が行われるなど一部では実際に適用されたようであるが，次に，その昭和初期の銀行原価計算の特徴と問題点を詳しく分析してみよう。

① 昭和初期の銀行原価計算の特徴

1933年に刊行された太田哲三の『金融業会計』では，銀行業への原価計算の適用の背景は次のとおりであったとされた。「事業経営が計算的合理性を根拠とするにともない，損益の各科目の分析研究が行われ，終局には原価計算制度の成立にまで発展するのは当然である。競争が激甚となり，顧客に対する奉仕が累加するにつれて，その適用の範囲は増加しつつあり，従来必要なきものと考えられた事業に対してもこれを利用することが推奨されるに至った。銀行原価計算もまたその一方面である」（太田，1933，p.251）。このように，おもに原価計算は製造業を中心にして行われるものであったが，当時すでにサービス業である銀行業においても競争が激しくなれば，原価計算が必要になると考えられたのである。

太田は，次の事例によってより具体的に原価計算の必要性を表現している。「たとえば，小切手制度の利益を得んがために当座勘定をひらき，平常残高をほとんどおかず，たとえば1ヶ月1円の支払期に預け入れ，それに対し小額の多数の小切手を振り出し，支払を行うような顧客は銀行にとっては迷惑である。小切手支払に関する手数経費を要するのみで，その資金を運用利殖することはほとんど不可能であるからである。（中略）かかる預金者はこれを回避す

るか，または取扱料金を徴するのが正当である。かくて米国においては預金者勘定の収益力判定に関する研究がおこり，ついで原価計算制度として発達したのである」[8]（太田，1933，p.252）。

わが国ではじめて銀行の原価計算に関する研究書が発刊されたのは，1926年大阪銀行集会所の懸賞入選文集であるとされているが，銀行業において原価計算が体系立てて研究され適用されたのは，おそらく1928年の銀行法適用以後であったのではないかと推察される。なぜならば，明治以来銀行業においては業務報告のみ行っている状況であり，銀行法の制定後になってようやく営業報告書，貸借対照表，損益計算書，剰余金処分計算書に分けたうえで報告書に記載すべき勘定科目の営業内容を明らかにしなければならなくなった[9]からである。

銀行法施行後の経過措置期間中の1930年に，加藤（1930）は銀行原価計算の体系を次の4点にまとめた。それぞれについて筆者は次のように検討を行った。

第1に，「銀行原価計算の基本原料は預金である」（加藤，1930，p.18）。昭和初期の銀行原価計算においては，預金利息の原価計算が最も重要であると考えられた。おそらく，取り付けや過度な金利競争が行われた反動などもあって，預金の本来の原価を求めることが第一の目的になったのであろう。太田は「従来預金のみの原価が問題であったが，貸付金に対しても同様な方法でその収益を計算しうるのである。ただ，その場合には預金取扱費は件数で計算されず，預金額によって按分されるのであり，資金運用費が件数または平均日数等を根拠に分配されるにとどまるものである。この方面での研究も将来生起することを希望する」（太田，1933，p.268）と分析している。当時は貸付の原価についてはまだ考えられていなかったようである。

現在では，銀行の原価計算は，法人融資を中心とした個別貸出の利益算定のための原価を算定することが第一の目的となっている。また，現在では当時のように預金利息を原価計算の主要な構成要素と考えることはなくなっている。預金利息は，流動性リスクと金利リスクの管理やALM管理によって管理され

るようになっており，現在の銀行経営実務においては，預金利息は原価計算の範疇では行わないようになっている。このように，現状での銀行管理会計では，原価計算だけでなくリスク管理が重要な構成要素となっている。

　第2に，昭和初期の銀行原価計算の体系には「預金の特定種類を単位とする原価計算と，取引先勘定の個々を単位とする原価計算の2種類がある」(加藤，1930，p.18)。現在の銀行原価計算の体系は，商品別原価計算と顧客別(すなわち，口座別)の原価計算である[10]といわれている。昭和初期の銀行原価計算もほとんど同じ体系で原価計算を捉えようとしているようにみえる。ただし，前述のとおり現在の商品別原価計算では預金利息を対象としないが，昭和初期の銀行原価計算ではどちらかといえば貸出商品よりも預金商品のための原価計算，それも預金利息を対象とした原価計算であった。

　第3に，「銀行原価計算で通常計算される原価は……過去の事実に基礎を置くところの確定計算または後計算に基づく実際原価である。いわゆる歴史的原価である」(加藤，1930，p.20)とされた。銀行では，事前計算によって，正確に近い見積原価を計算するということは性質上困難で，仮に行われたとしてもそれだけの効果を得る保証は少ないと考えられたからであった。加藤によれば，「標準原価の計算は原価率低下の目標を与えるものであって，経営上の意義は失わないけれども，しかし，元来銀行業においてはいわゆる変動費なるもの比較的少なく，自然幾多の困難を排して精密なる標準原価を求めるも，その機能に負うべき余地は甚だ少ない結果を招くに至るものと考えられるのである[11]」(加藤，1930，p.20)とされた。1928年施行の銀行法にもとづいて，各銀行で損益計算書や営業報告が実施されるようになり，その必要性とそれにあわせた経営管理の高度化といった観点で銀行原価計算が捉えられていたとすれば，あくまで財務会計の数値を前提として，より詳細な経営単位での原価実績分析を行うための原価計算であったために歴史的原価で問題ないと考えられたのではないかと推察される。

　現在では，銀行での原価計算では標準原価を設定し，標準原価差異分析をすることがより効果的である[12]と考えられるようになってきている。現在でも銀

行では,変動費が少なくほとんどが固定費であることに変わりはない[13]が,標準原価を設定する場合にはABC（Activity-Based Costing；活動基準原価計算）やITを活用して計算される[14]などして標準原価算定エラーの低減が行われている。

ただし,当時においても銀行業における標準原価の必要性が完全に否定されたわけではなく,次のように考えられていた。「とくに異例的原因にもとづく損益にして多額に達するものがあった場合には,実際原価の計算と並行的にできるだけ修正して標準的営業状態における原価に可及的近似の原価を計算してみる程度の標準原価計算は,原価計算制度の健全なる運用上むしろ必要となることと思考される」（加藤,1930,p.20）。つまり,制度として継続的に行っていくためには標準原価が必要であることは認められたが,当時はようやく銀行で原価計算が行われるようになったことから,標準原価を算定するための基準とすべき実際原価がないことと標準原価を算定することの手間を考慮して,まずは実際原価（歴史的原価）で行うべきと考えられた。

第4に,昭和初期の銀行原価計算は,加藤（1930）にもとづいて整理すると,直接費は原価計算対象に直課され,間接費は一定の基準で原価計算対象へ配賦される配賦ロジックであった。そのために,間接費の配賦については割り切った基準で行わざるをえず,納得感を高めるためには直接費の比率を高めなければならなかった。当時は預金利息が原価計算の主要な構成要素であり,直接費と考えられていた。すなわち,預金利息であれば,預金種類別や預金者別（すなわち口座別）に把握することが可能であるから,直接費のほとんどは原価計算対象へ直課できるものと考えられていたと思われる。

現在では,当時の直接費の大半と考えられた預金利息は原価計算要素ではなくなり,FTP（Funds Transfer Pricing；資金振替価格方式）による収益計算のなかで貸出利息と同様に収益性分析がされるようになっている。その結果,ほとんどが間接費となるため,ABCが適用されたのである[15]。

② 昭和初期の銀行原価計算の問題点

当時の銀行原価計算の問題点は，実務への適用がほとんどなかったことである。実際のところ，経営の意思決定にどれほど効果があったかについては明確なものは残されていない。たとえば，山高によれば「銀行における原価計算制度の研究は，古く大正末期に遡ることができる。このうちにはいわば1期間の総原価の計算方法を説くに終わっているものもあるが，業務の種類別原価計算を，相当精緻に説いているものもあった。しかし，実際には，2，3の店舗で施行した銀行があったくらいで，各銀行とも制度として，これを実現する段階には至らなかった」（山高，1964，pp. 12-13）と述べている。唯一の実務への適用は，前述のとおり1937年の安田銀行における内国為替手数料算定がいわれているにすぎない。昭和初期の銀行原価計算では，その研究はされたが銀行実務においては十分に役に立っていなかったのではないかと思われる。その要因としては次の4点が考えられる。

第1に，そもそも銀行管理会計の体系自体が確立していなかったため，銀行原価計算の経営への役立ちも明確にできなかったのではないかと思われる。預金者別原価や預金種別原価を算定できたとしても，それをどのように銀行経営で利用するかといった銀行管理会計の体系（すなわちフレームワーク）が十分でなかったので，昭和初期の銀行原価計算は一時期の研究レベルで終わってしまったのであろう。

第2に，当時の銀行のほとんどは，経営管理上の損益管理の必要性の認識が十分ではなく，原価計算の必要性もまた十分には認識されなかったのではないだろうか。そのため，銀行法施行後から銀行原価計算を行うにあたっては，経営の意思決定のためというよりも金融当局への報告書作成の目的にのみ原価計算の適用を考えていたのではないかと思われる。そもそも，昭和初期の銀行原価計算が製造業の原価計算を参考にしていることからも，製造業と同じように金融当局への報告書作成のために銀行原価計算を行うということが考えられていたのではないだろうか。

第3に，銀行法の制定が逆に，金融当局による規制となり銀行の独自戦略策

定の必要性を鈍らせてしまい，銀行原価計算を管理会計として経営に役立たせるインセンティブが働きにくくなったのではないかと考えられる。

第4に，当時の銀行原価計算は実際原価（歴史的原価）であったために，銀行員の行動に直接影響を与えるようなマネジメント・コントロールのための管理会計にまではなりえなかったのではないかと考えられる。銀行原価計算への標準原価計算の適用は検討あるいは研究されはしたものの，まだ原価計算制度自体がはじまったばかりであるため，当面は歴史的原価計算で実施されるべきとされた。それがかえって，銀行経営への適合性を低める要因となったのではないかと推察される。

以上のとおり，昭和初期の銀行原価計算は，1928年の銀行法が契機となって理論構築されてきたと推察することができる。しかし，銀行全体の管理会計フレームワークが確立されていないこと，金融当局宛報告資料作成目的であったこと，金融当局の規制や指導によって銀行独自の戦略策定の必要性が低下したこと，そして，当時の銀行原価計算内容が預金利息の歴史的原価計算中心であることなどから，昭和初期の銀行原価計算の銀行経営への役立ちは高くならなかったと考えられる。

おわりに

1873年（明治6）日本ではじめての銀行（第一国立銀行）が設立され，1876年には日本初の民間銀行である三井銀行（現 三井住友銀行）が設立された。とくに，三井銀行では，管理会計が意識されていなかったとはいえ，結果的には未分化の会計を管理会計的機能で活用する「銀行管理会計の前段階」のところもみられた。たとえば，明治時代から大正時代にかけての三井銀行では，次の2点で管理会計的経営とみられるものがあった。

第1に，1903年（明治36）には，過去数年間の支店別利益計算結果の履歴傾向によって，店舗廃止可否の意思決定を行っていた。

第2に，1911年（明治44）には，支店ごとの貸出金標準額といった貸出金予

算によって支店が統制管理されていた。

　また，昭和初期になると，金融恐慌による取り付けや破綻が相次ぎ，それにともない営業報告が義務づけられた銀行法が制定されたことなどの影響によって銀行原価計算の研究に注目が集まった。しかし，銀行原価計算はまだ研究や試行のレベルであり，十分に銀行経営実務へ適用されていたわけではなかった。

　また，1928年（昭和3）の銀行法の施行によって，銀行原価計算が相次いで研究された。銀行法の施行は，その後の銀行管理会計構築を支援するための以下の3つの外的な影響要因となったと考えられる。

　第1に，会計帳簿など金融当局への営業報告が法律上義務づけられたことである。これは，銀行管理会計の今後の発展に向けての基礎として非常に意義深いものとなった。すなわち，会計データの整備が定期的に正確に行われるようになるので，それをもとにすれば，銀行管理会計がやりやすい環境になったといえる。しかし，一方で会計データが財務会計ベースのものであったために，それを基礎とする銀行管理会計は，財務会計依存の管理会計になった。たとえば，銀行原価計算については歴史的原価でのみ行われているにすぎなかった。

　第2に，金融当局による銀行経営に対する介入と規制のはじまりである。各銀行に対して一律規制や指導をかけることにより，反対に銀行はそれにしたがった経営をするようになったのではないだろうか。すなわち，金融当局による規制や指導が銀行業を非競争的にし，かつ銀行の戦略策定インセンティブを少なからず欠如させてしまい，そのことが銀行経営実務において銀行管理会計の役立ちが高くならない大きな要因となったのではないかと思われる。

　第3に，自己資本の充実である。現在の自己資本規制や資本注入の基礎となる考え方である。このように，銀行法によって制度として最低自己資本の基準を規制したことは，その後の銀行経営にとって自己資本管理の必要性を浸透させるはじまりとなったと考えられる。すなわち，いまでは銀行の健全性を測定する銀行管理会計において自己資本比率が非常に重要な指標となっており，りそな銀行や足利銀行が2004年に自己資本比率の低下で実質国有化もしくは国有

化されたのが記憶に新しい。

　以上のとおり，明治・大正・昭和初期のわが国の銀行業界は金貸し業的な私立銀行が数多く，破綻がめずらしくない業界であった。管理会計研究自体もまだまだ発展途上であった。こういった時期に，三井銀行の行った支店別利益管理実務は，いまからみれば銀行管理会計の前段階といえるものであった。

　しかしながら，明治・大正，そして昭和初期にかけての銀行管理会計は，学術研究がはじまったばかりのものであり，実務の面では一部の銀行を除いてはほとんど皆無に等しかったと思われる。ただし，昭和に入ってすぐに施行された銀行法は，その後の銀行管理会計構築につながる経営管理基盤となったと考えられる。

　次章で，その後の第二次世界大戦後復興から高度成長期を経てバブル経済へ突入した銀行経営と管理会計の状況を分析する。

注
1）当時は管理会計が体系化されていないため，管理会計技法の適用の意識はなかったと考えられる。ただし，管理会計の体系化はなされていなくとも当時の銀行経営実務において意思決定や業績評価の場面で適用された会計の技法があったのではないかと推察し，そういった意味の技法を管理会計的技法とした。
2）三井銀行については，小倉（1990），後藤（1970），三井銀行（1956，1976，1977，1978a，1978b，1978c）を参考にしている。
3）宮本匡章は，管理会計の前段階について「この時代（1920年代以前）の会計は，1つの確立した会計計算制度を示してはいるが，……経営内部の諸目的に志向した会計であり，マネジメントの種々の意思決定や管理目的に役立つ会計であるという管理会計的機能を，今日と比較すればごく限定された範囲のものであっても，はたしてきたといいうる」（宮本匡章，1969，p.42）と定義した。
4）宮本匡章は，「この時代の会計では，管理会計機能に今日の財務会計にみられるそれよりもはるかに大きなウェイトがおかれていたことは，疑いえないところである。しかもわれわれは，この時代の会計を決して管理会計と規定しようとするものではなく，管理会計の前段階とよび，そこに管理会計的機能の存在していたことを確認しようとするにすぎない」（宮本匡章，1969，pp.42-43）と主張した。
5）根抵当権の目的物により担保される上限の額のことを銀行では「極度額」という。ここでは，リスク限界の意味で「リスク極度」と称された。すなわち，リスク

極度管理とは，最大リスクの上限を超えない管理という意味である。
6）「手数料協定銀行に発表され，……」については「手数料協定銀行に適用され，……」とした。そのほかは原文のまま。
7）和暦を西暦に変換し，文章についても一部現代仮名遣いに直した。
8）この当座預金の原価算定に関する課題は，現在の銀行の管理会計においてもまだ解決できていない。いまの銀行業界においても当座勘定の小切手振り出しにいくらかかっているのかを把握している銀行はほとんどないといってよい。すなわち，1933年に求められた経営課題は，約70年経った現在においても合理的説明をもって解決したとはいえない状況なのである。
9）1893年の銀行条例によって「銀行は大蔵大臣に半期ごとに業務報告を送付し，財産目録，貸借対照表を公表するなどの義務を負うとして業務の監督を規定」（加藤・秋谷，2000，p.78）とあり，その当時から財務報告が義務づけられていた。しかし，「銀行法施行細則を定め，従来の業務報告書を営業報告書，貸借対照表，損益計算書，剰余金処分計算書に分けた」（加藤・秋谷，2000，p.186）とあることから，原価計算に関係する損益計算書が明確に意識されたのは銀行法制定以後とした。
10）髙木（2004，pp.182-183）。
11）一部，筆者にて現代文に変換した。
12）櫻井編（2000），髙木（2004）に現在の都市銀行での事例がある。
13）最近では，銀行においてもアウトソーシングやパート・外注化などの施策が相当に実施されており，当時よりも変動費化は進んでいるものと推察されるが，それでも活発なIT投資などによって固定費は高い。
14）ABC（Activity-Based Costing；活動基準原価計算）のコストドライバの変動率によって標準原価を算定する方法や，ITを駆使することによってリソースの過去の変動ボラティリティを分析し当期の原価を設定する方法などがある。
15）詳しくは第4章で検討する。

第3章 ▶ 護送船団行政と銀行管理会計

はじめに

1950年代から1960年代までの高度成長期と，ドルショックや2度のオイルショックを経た1970年代の低成長期，そしてバブル経済へ突入するまでの1980年代の銀行管理会計を考察する。

高度成長期は，大蔵省の護送船団行政が最もうまく機能した時代であった。しかし，金融の国際化と自由化のために護送船団行政が徐々にほころびはじめるとともに，その後，日本経済は，低成長期から1980年代後半のバブル経済へと進む。高度成長期の支店独立採算制のための本支店勘定利息制度や，伝統的原価計算ブームとなった支店別原価計算などの銀行管理会計の内容と体系を整理し，その問題点を検討したい。最後に，その問題点のためにバブル期に銀行管理会計がほとんど適合性を失っていた点を指摘する。

3.1 護送船団行政下の銀行の経営状況

戦後の混乱後，日本経済はまさにめざましい発展をとげたが，1973年の第一次オイルショック後は徐々に成長が鈍化し，安定成長から低成長へと変化した。本節では，戦後復興から1960年代までの高度成長期と，1970年代から1980年代までの低成長期からバブル期の2つの期間に分けて，わが国の銀行経営状況を概観する。

（1）高度成長期の銀行経営

1950年代の後半から1960年代は，わが国の経済は第二次世界大戦後の混乱を

乗り切り，いよいよ発展段階へと進んでいた時代であった。1960年には，政府により国民所得倍増計画が発表され，ひとり一人のレベルにまで経済向上を図ることが日本全体の目標となったのであった。そのため，国内金融インフラの要である銀行の資金循環機能は安定的に機能する必要があった。

高度成長時代は，企業の設備投資意欲に支えられた民間設備投資主導型といわれる。企業の活発な設備投資により生産性が向上したことによって国際競争力が増した。また，為替相場の面でも円安の固定相場であったため，わが国の輸出商品にとっては非常に有利であった。金融構造も高度成長を支えるべく安定的に推移していた。

高度成長時代の銀行は，建設業，不動産業，製造業などのいわゆる大企業を中心とした設備投資の旺盛な資金需要に対する融資を活発に行った。当時の銀行経営の特徴をまとめると次の3点に集約されよう。

① 護送船団行政

戦後の復興期以来，企業の設備投資が旺盛であるのに対して，そのための資金は不足していた。当時は，借入需要のほうが貸出を上回り，銀行と企業の関係は貸し手の銀行のほうが強い立場にあった。

そのため，大蔵省は規制と監督によって，銀行業の競争を極力抑え，協調と安定を重視するセーフティーネットを構築する手厚い保護の行政方式を行った。この行政方式のことを，あたかも最も遅い船に伴走するように行政を行うことから「護送船団行政」または「護送船団方式」（加藤・秋谷, 2000, p. 282）と呼ぶ。日本の市場や国民に対して，護送船団行政は銀行を1行たりとも潰さない政策と受け取られた。その結果，銀行不倒神話を生み出すこととなる。

具体的には，護送船団行政とは，業務範囲に関する規制，金利に関する規制，国内と海外との金融市場を分断する規制などからなる。銀行の業務範囲については，長短金融の分離，銀行と証券の分離など業際規制だけでなく，金利を自由に設定することや，あたらしい金融商品を開発することにも規制が加えられていた。

護送船団行政によって銀行の経営が安定化すると同時に,金融機関相互間の競争が抑制されて,企業の活発な資金需要に安定的に応じることができた。しかし,この護送船団行政とは,まさに各種規制によって銀行を潰さない代わりに市場の競争を阻害し,金融の国際化や自由化を妨げるものであった。護送船団行政は銀行に経営に関するモラルハザードを発生させ,日本経済がグローバル化するにつれて,わが国の銀行の国際競争力を削ぐこととなっていった。

② 間接金融優位

　当時は,資本市場が未整備であったため,企業の多くは銀行から資金調達せざるをえない状況,すなわち間接金融が圧倒的に優位な状況であった。そのため,企業のほとんどは銀行から借り入れるしか選択肢のない状況で,銀行にとっては非常に独占的な経営環境であった。

③ 固定為替相場

　高度成長期は1ドルが360円に固定されていたため,低金利政策を武器にして輸出と投資主導型の高度成長が実現できた。

　以上のとおり,高度成長期は,好景気による企業の旺盛な資金需要,護送船団行政による銀行保護政策,直接金融未整備による間接金融優位の環境,および有利な為替相場などの銀行経営にとってすべてが好都合な環境であった。ステークホルダーとの関係でいえば,当時の銀行は大蔵省によって守られ間接金融優位で株式市場未整備であったため,顧客や株主の立場は弱かった。そのため,ステークホルダーを意識した経営は十分ではなく,一方で大蔵省などの金融当局のいうとおりに経営してさえいればよかったのである。そういった意味でも,当時の護送船団行政下の銀行にとって最も影響力の強いステークホルダーとは,金融当局であったといえなくもない。

(2) 低成長期からバブル期の銀行経営

　1971年のドルショック,1973年秋の第一次オイルショック以降は,高度成長時代に対していわゆる「低成長時代」に突入した。さらに,1978年の第二次オ

イルショックは，わが国経済に非常に大きな影響を与え，金融の経営環境にも多大な影響を及ぼすこととなった。その後，1980年代に入り，金融の自由化と国際化が急速に進展することになった。

戦後半世紀の間，大蔵省による金融業界の秩序維持を主眼にして，護送船団行政が行われてきたが，ついに米国の圧力によって市場の開放が迫られ，実質的に護送船団行政の終焉を迎えることになる。1984年，大蔵省より「金融の自由化[1]及び円の国際化[2]についての現状と展望」が発表された。この報告書の発表と時を同じくして，日本の金融・資本市場の自由化と国際化は急速に進展することとなった。

このように，1970年後半から1980年代にかけて，戦後の資金不足の解消と国際収支の改善に加えて，ドルショックやオイルショックによる影響で日本の企業は経営効率化に注力する必要性が認識されはじめた。日本の企業は，高度成長期の成長戦略から低成長期の効率化戦略へと徐々に変化していった。銀行の効率化戦略においては，高度成長期の護送船団行政に代わって，米国流の「市場の原理」が強く影響している[3]。

日本経済は，価格が安く故障しにくい高品質な製品のおかげで，1980年代の国際収支は黒字であった。しかし，1985年のプラザ合意までは，為替相場が日本にとって有利な状況にあったことも大きな要因となっている。1980年代の日本の銀行経営者の多くは国際的に有利な環境のなかで護送船団行政によって守られた結果であったにもかかわらず，あたかも自行の経営戦略によって世界的な優良企業になったかのような錯覚をしてしまった。

高度成長期の企業の相当旺盛な資金需要に対して，銀行は量的拡大の戦略をとってきた。戦後の復興から1960年代までは資金が不足し，銀行が資金の供給機能として預金や貸出の金額量を拡大する戦略は間違っていなかった。しかし，1970年代に入り，ドルショックやオイルショックなどによって一般企業は経営の効率化を行いはじめ，一方，戦後からの資金の不足については徐々に解消しはじめた。そのため，それら企業へ資金供給を行うわが国の銀行でも，1970年代以降は単純な量的拡大だけではなく，効率化を目指さなければならな

くなってきた。しかし，わが国の銀行は，金融の自由化が十分ではないことと護送船団行政による非競争的な銀行環境によって，銀行自らが積極的に効率化経営を推進することはなかったのである。

日本経済は，1980年代後半に地価と株価が異常にはねあがり，バブル経済に突入した。バブル経済によって，わが国の銀行は競争と効率性を求める経営戦略をとるべきところ，残念なことに，逆に高度成長期と同じように拡大戦略に向かってしまうのである。その結果，顧客志向で顧客に対する利便性や満足度の向上を高める戦略よりも，各銀行とも横並びで質よりも量的な拡大を追求する戦略が実行された。

バブル期における銀行の量的拡大戦略は，当初こそ収益は向上したかのようにみえたが，同時にそれ以上のリスク量が（言葉どおり）バブルのように拡大・膨張していった。高度成長期の量的拡大は，設備資金需要などの企業の本業に対する必要資金の貸出拡大といった実体ビジネスへの貸出であったが，バブル期の量的拡大はまさにバブルの言葉どおり実体のない（本業ではない）金融取引や投資への貸出であった。それが，高度成長期とバブル期との量的拡大戦略で，大きく異なる点であった。そして，1991年に不動産価格の暴落によって完全にバブルは崩壊し，リスクがオンバランス化されて膨大な不良債権となるのである。

このような，1970年代から1980年代の低成長時代と安定成長期，そしてバブル経済に突き進む時期の銀行経営の特徴をまとめると次の3点である。

① 直接金融の発達による銀行経営への影響

低成長期には，景気を刺激して公共部門の資金不足を国債発行でまかなうために，国債の大量発行が行われた。朝倉（1988, p. 321）によれば，「この大量に発行された国債の円滑な消化のために，国債の種類の多様化や発行方法の工夫といった発行市場の整備のほか，国債流通市場が形成されたことも証券金融市場発達に大きな影響を及ぼした」と述べているが，国債の消化のための市場経営の必要性から，直接金融である日本の証券市場が形成されてきた。明治以

来，企業の資金供給は間接金融である銀行がほとんどを担ってきたが，1970年代以降は，企業は銀行以外の市場から直接資金を調達する選択肢をもつこととなった。そのため，次第に銀行は企業に対する差別化された優位なサービスを示す必要性が生じてきた。

② 顧客の金利選好の高まりによる銀行経営への影響

戦後の資金不足から個人の金融資産の蓄積がかなりの水準に達していたことと，金融の自由化の進展によって顧客は金利動向に相当に敏感になってきた。しかし，護送船団行政による規制と慣行のもとでは，銀行商品の金利は横並びで顧客ニーズには十分に応えることはできなかった。

③ 銀行の同質化による銀行経営への影響

低成長期にはいると大企業の資金需要は減退して，都市銀行をはじめとした金融機関はあたらしい分野を開拓し，進出せざるをえなくなった。そのため，都市銀行でも地方銀行と同じように大企業以外の企業や個人マーケットへのサービスを行ったり，普通銀行で長期性金融商品を扱ったりするなど，次第に銀行の同質化が進むこととなった。とくに1980年代になって，金融の自由化により業務の相互乗り入れが進展したため，金融機関の同質化が一層進展することとなった。このような銀行だけでなく金融機関の同質化によって，これまでの横並びから「競争する銀行」経営となっていったのである。

以上のとおり，1970年代から1980年代前半の低成長期は，①直接金融の発達，②顧客の金利選好の高まり，③銀行の同質化によって，護送船団行政が徐々にほころびはじめ，銀行経営に「競争と効率化」戦略が必要となった。しかし，1980年代後半のバブルは，銀行経営の効率化に対する意識を麻痺させ，逆に量的拡大戦略を行わせた。資金需要が旺盛で護送船団行政がうまくいっていた間接金融優位な時期の高度成長期の量的拡大戦略とバブル期の量的拡大戦略は，貸出に内包されるリスク量に大きな違いがあった。

戦後から1960年代の高度成長期の日本企業は，護送船団行政による低い銀行経営リスク，固定相場制によるほとんどない為替リスク，さらに，証券市場未

整備による低い市場リスクといった低リスクの環境を享受した。反対に，バブル期は，護送船団行政のほころび，プラザ合意後の円高リスク，デリバティブ取引までが行われる市場リスクの高まりなどによって，相当に高リスクな環境になった。そのため，量的拡大戦略で同一の貸出金額であったとしても，リスクの量はバブル期のほうが何倍も高いものであった。

　護送船団行政に守られた銀行ビジネスでは，独自戦略策定の意識はあまり高くなかったと思われる。護送船団行政が崩壊しはじめると，金融の自由化と同時に各行独自の戦略が求められるようになった。いわゆる横並び経営から独自戦略にもとづく経営への転換が不可欠となったのである。しかし，やっと独自戦略の必要性に気がつきはじめた銀行に，バブル経済はその認識を後退させた。そのため，バブル崩壊後もしばらくは横並び経営体質は消えずに，1996年の金融ビッグバン後になってようやく銀行の独自戦略が実行されるようになる。

3.2　護送船団行政下の銀行管理会計の特徴

　富士銀行（現 みずほ銀行）経理部次長であった矢本は，高度成長期の銀行管理会計への取り組み状況について次のように説明している。
　　「1956年3月6日大蔵省銀行局長通牒[4]が3月末決算に関連して発せられたのであるが，それは銀行に対して吸収資金の形態別原価計算，すなわち一般的には預金科目別種類別に原価計算を行うことと，独立採算制を完備充実して不採算店について特に配慮することを勧奨したものである。かくの如き管理会計的手段を通じて，経営を把握し合理化すべきものであるとの意思を監督当局が明示したことは恐らく前例のないことであって，管理会計の銀行界における組織的実施はすでにその発端をここに見たといえる……（略）」（矢本，1957，p. 28）

　大蔵省は，高度成長を持続させる目的で融資の金利を下げさせたことで銀行経営が悪くなり，そのために逆に企業への資金供給機能に支障をきたしてはな

らないと考え，この通牒を拠り所として銀行に対する経営の効率化を促したのである。

大蔵省の通牒が発布された翌年に『銀行管理会計』(矢本，1957) が発表された。それに続き1964年，東海銀行（現 三菱東京UFJ銀行）事務統括次長であった山高は，1950年代から1960年代当時の銀行における原価計算について『銀行の原価計算』(山高，1964) としてまとめている。さらに，東海銀行総合企画部 (1973) や諸井・米田 (1978) は，1970年代の銀行の管理事務をまとめている。それ以降，1980年代までの銀行の管理会計に関する文献はほとんど存在しない。第1章で整理したように，1980年代はALMやリスク管理に関する先行研究は相当に行われた。しかし，銀行管理会計に関しての研究文献はほとんど残っていない。

前節で銀行経営の状況を高度成長期と低成長期からバブル期の2つに分けて検討したが，銀行管理会計の検討もその区分にあわせて検討する。最初に，高度成長期における銀行管理会計の状況について検討する。

(1) 高度成長期の銀行管理会計と銀行原価計算

当時の銀行管理会計の体系は，表3-1に示す組合せで適用される管理会計技法が考えられた。しかし，このうち標準原価計算については，1957年当時にはまだ実際原価計算が十分に行われていないことと，標準原価計算を行うための高度な能力と経験が銀行にまだないことから，標準原価計算の実施はまだ困

表3-1　銀行管理会計体系

	事前計算	事後計算
期間計算	予　算　統　制	複　式　簿　記
単位計算	標準原価計算*	実　際　原　価　計　算
その他	経営統計・経営比較	

(出所) 矢本 (1957, p.7) をもとに筆者が一部加筆。
＊当時から標準原価計算の必要性は認識されていたが，実際の適用はまだ困難との認識であった。

難(矢本,1957, p.169)との認識であった。

表3-1のとおり,1957年当時の銀行管理会計の体系は,事後計算と事前計算の両方で考えられていた。さらに,矢本は銀行で管理会計の体系を考える場合には「事前計算が最も鮮明に位置付けられるべき」(矢本,1957, p.7)とさえ述べている。第2章で述べた昭和初期までの原価計算が実際原価(歴史的原価,すなわち事後計算)で行われるとなっていたのに対して,1957年当時は実際に十分に実行できるかどうかは別にして,銀行管理会計の体系理論においては事前計算こそ重要とされたことは特徴的である。それは,昭和初期までの銀行原価計算は管理会計が意識されたものではなく,財務会計の付属的に行われる原価計算であったのに対して,1957年の事前計算重視の考え方は,銀行管理会計を行うことが体系として意識された銀行原価計算であったからである。

また,高度成長期の銀行管理会計の目的のひとつが,支店の独立採算制を行うための管理会計であったことである。銀行業における独立採算制は,矢本(1957, p.261)によれば,次の4つの特徴を有するとされる。

- 特定の部課店を独立した銀行とみなす
- その経営の現況と成果を一目瞭然にする
- 銀行全体の管理会計の単位基盤とすることができる
- 部課店の単位で自主的に経営効果をあげられるもの

日本の銀行は支店を多数もっていることが特色であり,支店の分布も全国にわたっていた。表3-2に銀行の支店数推移を示すが,昭和初期の銀行の集中化や合同化の政策によって,1銀行あたりの支店数が増えている[5]。

1行あたりの支店数が多い別の理由は,戦後復興期の国民1人あたりの預金蓄積が少なかったため,各銀行は地方にまで支店をおいて預金を調達しなければならなかったからでもある。すなわち,銀行が市場から直接資金を調達することは不可能であったため,とにかく日本のすみずみまで支店を開設して預金を調達しなければならなかったのである。

このように,1950年代の銀行では,金融当局による銀行数の縮小策や資金需要のための調達原資確保といった理由から,1銀行あたりの支店数が多くなっ

表3-2 銀行支店数推移

	普通銀行数	支店数	1行あたり単純平均支店数
1927年	1,280	5,218	4
1928年	1,028	5,044	5
⋮	⋮	⋮	⋮
1943年	86	3,413	37
1944年	72	3,337	46
1945年	61	3,144	52
⋮	⋮	⋮	⋮
1956年	78	5,295	68

(出所) 玉置 (1994, 付録p.17) および矢本 (1957, p.23) をもとに筆者が作成。

た。そのため，本部で各支店の経営状況を管理する必要性が強まり，各支店を独立したプロフィット・センターとして業績管理（支店別業績評価）する必要性が高まったのではないかと考えられる。矢本 (1957, p.261) によれば，「独立採算制は1947年頃から意識的に銀行の管理会計の手段として用いられてきたが，1952年以降は銀行実務の世界において独立採算制の言葉がしばしば耳にされるようになった」と述べている。

昭和初期までは一部の銀行が管理会計と財務会計は区別せずに行った支店別利益管理[6]であったが，1950年代以降の独立採算制を実行するための銀行管理会計の技法は，次のとおり資金収益と原価計算の2つの面でまとめられる。

① 本支店勘定利息制度

本支店勘定利息制度とは，預金超過の支店は余裕資金を本部勘定へ振り替え，逆に貸出超過の支店は本部勘定から不足する資金を振り替えるといった銀行業における社内振替価格制度のことである。この本支店間の振替価格は，銀行商品の場合には金利であるため，この本支店勘定利息制度は銀行の社内金利制度と考えることもできよう[7]。

本支店間の振替金額の金利が0％であれば，預金が超過している支店は支払われる預金利息のみ発生して業績が悪いと判断され，逆に貸出超過の支店は金

利0％で本部から資金を調達できるため業績が良いと評価されてしまう。支店の独立採算制の観点からいえば，本支店間の資金振替において妥当な金利を付利する仕組みでなければならず，本支店勘定利息制度を実施する場合には本支店間の金利設定については本部の重要な役割である。

本支店勘定利息法には，無利息法，収益配当法，定額利息法（預け・借り同率法，預け低利率・借り高利率法，資金総額法）などの種類がある（矢本，1957, p. 267）。資金総額法とは，支店の貸方にある預金資金はすべて本部へ貸し付け，一方，借方の貸出等の資金は，本部から全額借り入れてその支店が投資したものとみる方式である（図3-1）。

たとえば，各支店では実務上，預金残高と貸出残高が一致することはありえない。図3-1のように預金超過の支店Bは余裕資金を本部へ振り替え，逆に貸出超過の支店Aは本部から不足する資金の補給を受けることになる。支店ごとに公平に評価を行うためには，本支店間の資金振替においても妥当な利息を付利する仕組みでなければならない[8]。各銀行では，この行内利息の付与を本支店勘定利息制度として行った。

銀行が独立採算制を行うにあたり，この資金総額法は最も合理的で経営管理上都合の良いものであった。資金総額法は，1946年にはすでに富士銀行（現みずほ銀行）において実施されており，1951年には20行を超える銀行で採用されていた（矢本，1957, p. 268）と当時の実務的な適用状況が述べられている。

ただし，当時は，資金総額法で適用される振替利息（または振替金利）に本部費用が含まれていた。そのため，基本的には本部の費用は支店の資金量総額

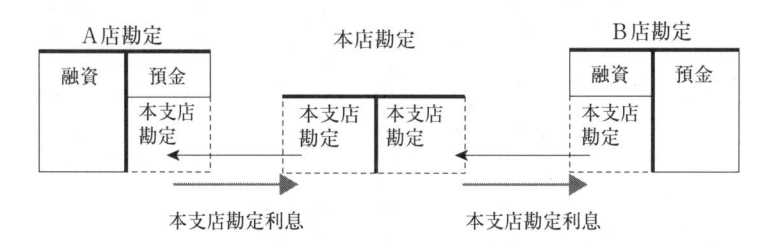

図3-1　資金総額法による本支店勘定利息制度

に比例して配賦される構造となっており、支店からは本部費用がどのくらい配賦されたのかが不明で、単に支店への本部費用の押し付けとなりかねない本部費用配賦の方式であった。矢本も「資金総額法のような振替利息に本部費用を合算して支店へ配賦することは改め、原価計算的基準によって本部費用は配賦されるべきである」（矢本, 1957, p.269）と主張した。

② 高度成長期の銀行原価計算

1950年代当時の銀行原価計算の体系は、表3-3のとおり、支店別原価計算[9]と取引先別原価計算に区分される。

高度成長期の銀行原価計算の特徴は、次のとおり3点にまとめられる。

第1に、戦後から高度成長期になって「支店別原価計算」が銀行で実施されるようになった。第2章で検討したように、昭和初期の銀行原価計算では、預金科目別原価計算と預金者別原価計算[10]は考えられていたが、支店別原価計算の概念がなかった。それは、表3-2にあるとおり昭和初期の銀行1行あたりの単純平均支店数が少ないため、支店別の管理会計による統制や管理について

表3-3　1957年当時の銀行原価計算体系図

高度成長期の原価計算体系	原価計算種別	原価計算概要
支店別原価計算	各支店の費用	支店別の費用は当該支店に直課
	株主本部費用	株式課・不動産課[11]等の株主本部費用は支店の営業活動によって増減しないものなので、支店へ非配賦
	統轄本部費用	人事部や審査部等の本部は支店の共有機関であり、その費用と収益はすべて支店に配賦・還元
取引先別原価計算	資金サービスの原価計算	資金調達（預金）の原価計算の実施。資金量比例の原価
		資金運用（貸出金）の原価計算の実施。資金量比例の原価
	役務サービスの原価計算	内国為替に関する原価の算定。件数比例の原価

（出所）矢本（1957, p.129）をもとに筆者が作成。

はそれほど必要とされなかったからではないかと推察される。

　支店別原価計算では，費用が3つに区分される。1つ目は，支店で発生し支店でのみ費消される費用で，2つ目は，本社費用のうち株主に関する費用を株主本部費用，3つ目は本部各課の費用や固定資産償却費等の統轄本部費用とされる（矢本，1957，p. 264）。株主本部費用は支店に非配賦であるが，統轄本部費用は特定の基準で支店に全額配賦される。

　第2に，「取引先別の原価計算」が行われるようになった。昭和初期の銀行原価計算では，"預金者勘定の解剖"とされたが，1957年の銀行原価計算では，預金者だけでなく貸付先（融資先）の採算を把握することの必要性も明確に認識された。そのため，預金者勘定の分析という言葉はふさわしくなく，取引先勘定の分析として原価計算されるようになった。しかし，矢本によれば，「取引先勘定の分析は原価計算の一種の応用である」（矢本，1957，p. 132）とみなされていた。

　ただし，当時の取引先別原価計算は，実際に同一人であったとしても預金先と貸出先は別々に分析される仕組みであった。それは元帳が預金と貸出先で別々であったことと，1957年当時はまだシステムはなく，名寄せが十分にできていなかったからではないかと考えられる。また，この取引先勘定の分析結果の運用については，当時の護送船団行政下では銀行の社会性，公共性の確保が最優先であったため，相当な注意が必要とされた。

　第3に，取引先別原価計算において「役務業務の原価計算」がなされるようになった。第2章で検討した昭和初期の銀行原価計算は，資金業務一元化の考え方での原価計算体系であった。すなわち，「銀行業の本質は，言うまでもなく，資金の獲得，運用による余剰価値の取得にある。（中略）その資金の原価を計算するということそのことこそ，まさに銀行業における原価計算の本質を形成するものと考えられるのである」（加藤，1930，p. 15）と定義され，銀行の活動すべてが資金の調達と運用にすべて集約されていると考えられていた。

　このように，昭和初期までは預金利息が原価のうちのほとんどを占めており，その管理を行うことが銀行原価計算の第一の目的とされ，役務提供にかか

る原価に関してはあまり重要視されていなかった。それに対して，1957年当時の銀行原価計算体系では，預金業務と役務業務とは明確に区別されており，預金業務とは独立して振込など内国為替業務などの原価計算が考えられたのであった。それによって，支店別の役務業務に関する採算や業績評価が可能になったものと推察される。

(2) 低成長期からバブル期までの銀行管理会計と銀行原価計算

前述のとおり，1970年代から証券市場の発達，顧客の金利選好の高まり，そして銀行の同質化などの特徴があらわれたが，それらに対して銀行の管理会計と原価計算には次の2点の進展が図られた。

① 単位事務原価計算の登場

普通預金の新規開設処理1件あたり，どの程度の費用がかかっているかなど単位事務ごとの原価を算出するもの。原価意識の高揚，原価管理に資するとともに，貸出レート，手数料決定などの価格設定に役立つ資料を提供することを目的とする（諸井・米田，1978, p.91）。

単位事務ごとの原価は，部門別原価計算で算出した部門別費用を当該部門内の単位事務別に配賦し，単位事務の事務量で除して算出する。配賦基準は表3-4のとおり，事務量と処理標準時間との積を考え，この積の値に比例して費用を配賦する方法である。

高度成長期までの原価計算では，細かくても組織上の課のレベルであったが，この単位事務原価の考え方によって，業務や事務のレベルまでの詳細な工程での原価計算が行われるようになった。

② 顧客別原価計算の確立

顧客別の事務処理費用と取引から生じる収益とを対応させて，顧客別採算を算出し，当該顧客の取引内容の改善を図っていこうとするものである（諸井・米田，1978, p.93）。顧客別原価計算は，前述の単位事務原価と顧客別の単位

表3-4 事務処理標準時間割費用の算出（普通預金の例）

	期　中 事務量 A	1件あたり 処理標準時間 B	総処理 標準時間 A×B	費　用
新規 解約 現金入金 その他入金 現金出金 CD出金 その他出金	v1 ↓	h1 ↓	t1＝ v1×h1 ↓	c1＝ C×t1／T ↓
計	V	H	T	C

(出所) 諸井・米田（1978, p.92）をもとに筆者が一部加筆。

事務量を乗ずることにより次のとおり算出される。

　　顧客別原価 ＝ 単位事務原価 × 顧客別単位事務量

　顧客別の事務件数を把握するためには，毎日の大量の事務件数を顧客別に振り分けて，その1ヵ月分を集計する必要があり，相当に大変な作業となる。このような複雑な計算を大量に処理することは，ホストコンピュータが導入されるまではほとんど不可能であった。

　また，昭和初期の銀行原価計算である加藤（1930）の預金者勘定の分析や，高度成長期の矢本（1957）の取引先勘定の分析では，ほとんどが資金量による割当であり，同一人であっても預金先と貸出先とで原価は分かれていた。1960年代後半より導入されたホストコンピュータによって大量な計算処理が可能になったことにより，顧客単位に大量な事務量を集計することができるようになったのである。同じく，ホストコンピュータで取引先ファイル（Customer Information Files：CIF）が構築されて，同一顧客の預金と貸出を名寄せして一人の顧客として採算を把握することが可能になった。

　銀行へのホストコンピュータの導入は1965年より始まったとされる[12]が，そ

の導入により,銀行に顧客別原価計算を実現させ,その後1970年代にかけて上位銀行を中心に「伝統的原価計算ブーム」となった[13]。

このように,1970年代にはいってからは,より効率化を追求するために,単位事務原価や顧客別原価計算が確立されたが,銀行管理会計の体系と基本的な考え方については,矢本(1957)の発表した『銀行管理会計』からは,ほとんど変わっておらず,原価計算単位の詳細化や名寄せが行われたにすぎない。そのため,1980年代の金融の自由化と顧客ニーズの多様化に対応ができなくなり,バブル期にはすでに「使えない(適合性を失った)銀行管理会計」となってしまったのではないかと考えられる。

1980年代後半には地価と株価の高騰による,いわゆるバブル経済へと突入していく。バブル期は,貸出を行えば行うほど収益があがるので効率化を追求する管理会計の必要性が薄らいだ。当時のわが国の銀行では,リスクを計量化する技術をまだ十分にもっていなかったが,それだけでなく,これまでみてきたように昭和初期以来60数余年の間,銀行原価計算として理論的に研究され,実務での適用がなされてきた原価についても,ほとんど意識されなくなった。

ただし,銀行管理会計のほうも銀行経営に対してバブル崩壊のワーニングを発していなかったので,そういった理由からも銀行管理会計の銀行経営に対する適合性は低かったと思われる。

このように,バブル期は,銀行は単純に担保さえあれば貸出の量を増やし,それがそのまま収益につながっていた時代で,支店別の業績評価も資金量だけをみて評価すれば済むような状態であった。そのため,銀行経営に対する銀行管理会計の適合性は低下し,銀行管理会計の進化もなくなったのではないかと考えられる。本来は,社会経済や銀行ビジネスモデルの変化,そしてITの高度化に応じて,管理会計もまた進化して経営への適合性が図られなくてはならないが,銀行経営にほとんど使われなくなったために銀行管理会計の進化はなくなり,そのためにさらに適合性が失われていったものと思われる。

以上のとおり,戦後から1980年代までの銀行管理会計の特徴をまとめると,

次のとおりである。

　第1に，戦後から1960年代までの護送船団行政下の銀行管理会計は，支店の独立採算制と預金商品別の採算管理を行うためのものであった。1956年の大蔵省の通牒によってより銀行管理会計の構築機運が高められた。そのための技法としては，本支店勘定利息と支店別原価計算に特徴がある。

　第2に，1970年代からの低成長期には，より効率化を追求するため，単位事務原価と顧客別原価計算が行われるようになった。その後，1980年代からバブル期にかけては銀行管理会計の進展はほとんどみられなかった。その結果，銀行管理会計は経営に対して適合性を失っていき，バブル崩壊を予兆することができないまま，銀行は膨大な不良債権を抱え経営危機に陥っていくのである。

3.3　護送船団行政下の銀行管理会計の問題点

　1950年代から1970年代までの銀行管理会計は，差別化戦略のための手法というよりも，護送船団行政による横並びの半制度的なものであった。ホストコンピュータを導入して伝統的原価計算がブームのように上位銀行を中心に実践されたのも，護送船団行政下での銀行の横並び主義からきたものともみえる。

　そのため，1980年代の規制緩和による金融の国際化と自由化に対して，銀行は差別化された経営戦略の策定や独自の戦略にあわせた銀行管理会計の構築を積極的に行うことはなかったと思われる。たとえば，1984年以降，銀行商品の価格に相当する金利が，それまでの横並びから原則自由化へと大きく舵を切ることになった[14]が，それに対して，当時の銀行はあくまで横並びの同一金利を設定した。差別化された金利設定を行うにあたり，護送船団行政下で構築された銀行管理会計がどの程度機能するのかさえ認識できていなかったと思われる。

　銀行の独立採算制や伝統的原価計算の適用が，矢本（1957）や山高（1964）など当時の銀行実務家によってまとめられてから1980年代まで，それに代わるあたらしい銀行管理会計手法の適用はほとんどみられない。とくに，1980年代

は，金融の自由化によって顧客の個々の要求は次第に高まり，銀行ビジネス自体も大きく変化した期間であったが，当時の銀行管理会計では十分に対応できなくなった[15]。ついに1980年代後半のバブル期には，銀行経営に十分に機能しない銀行管理会計，つまり，銀行ビジネスに対してあたかも適合性を失った銀行管理会計のようになっていた。それは，次の3つの問題があったためである。

（1）銀行経営志向型の管理会計

当時の銀行管理会計は，独立採算制の実行を目的としていることからもおもに支店の業績評価をすることが目的であった。そのため，顧客や株主にとっての企業価値を向上する管理会計ではなかった。護送船団行政のために，当時の銀行は，顧客へ価値を提供するサービス企業になりきれなかった。とくに，高度成長期には企業の資金需要が旺盛で，資金を供給する銀行の立場が強かったことも，銀行が顧客価値を考えなかった原因のひとつである。その結果，銀行管理会計は，顧客ごとの金利設定などに適用可能な「顧客志向の管理会計」ではなく，独立採算制を中心とする銀行内部の組織運営中心の管理会計，すなわち「銀行経営志向の管理会計」となってしまった。1980年代からの金融の国際化と自由化には，顧客本位の戦略に経営の舵とりをする必要があったのだが，銀行経営志向の管理会計では対応が十分にできなかった。

（2）財務会計依存の銀行管理会計

当時の銀行管理会計は，あくまで財務会計の数値をもとにしており，財務諸表の補助的な立場で銀行管理会計が行われた。このような管理会計を，ここでは，「財務会計依存の管理会計」と呼ぶこととする。1950年代に入ってからは，銀行管理会計の研究者もしくは実践者は，「管理会計は財務諸表を補助するためだけのものではない」（矢本，1957, p. 4）ことを十分に認識していたが，銀行には1928年の銀行法施行以来，財務会計がしっかりと完備されていたことが，逆に銀行の管理会計担当者に対して，財務会計依存で管理会計を行わせてしまうことになったのではないかと考えられる。さらに，銀行はお金を取り扱

うビジネスであるから，銀行員自身がどうしても習慣的・暗黙的にその金額の精緻さを求めてしまうことも銀行管理会計が財務会計に依存する要因と思われる。

しかし，財務会計依存の管理会計では，バブル期に非常に高まった市場リスク，信用リスク，株式リスクなど当時の財務諸表にあらわれない数値を十分に反映させることはできなかった[16]。このような銀行管理会計は，財務諸表を別の切り口や角度で組み替えて眺めているにすぎず，それだけではバブル崩壊の予兆や収益影響に対する注意を十分に発信できなかったのではないかと考えられる。

(3) 伝統的原価計算の限界

伝統的原価計算は1970年代からブームとなり，各銀行はその構築を急いだが，実際に経営に適用できた銀行は少なかった。伝統的原価計算では，顧客本位の意思決定に役に立てることが困難であったからと考えられる。支店ごとの業績評価だけではなく，顧客別や商品と提供チャネル別の収益性分析を行うにあたって，伝統的原価計算では十分に対応することはできなかったのである。

1980年代後半になって一層進んだ金融の国際化や自由化には全く対応できずに，利用されない原価計算システムとなっていった。その原因について次の4つの問題点をあげることができる。

① 事前計算が困難

前述のとおり，当時はコンピュータ技術や適用レベルの問題や銀行内の原価計算能力と経験が未熟であったために，標準原価計算の必要性と重要性が認識されてはいたが実現はできなかった。そのため，銀行原価計算が管理会計のためではなく，財務会計の補助的な事後の詳細分析計算になっていた。

② 事務中心の原価計算

1957年に銀行の原価計算体系で，資金の調達と運用に関する商品だけでなく，役務サービスを原価計算対象として認識し区分したことは高く評価でき

る。しかし，当時はまだ窓口業務中心のサービス提供であったため，1980年代後半からの本格的なチャネルの多様化への対応は十分に行えなかった。つまり，高機能なATMの登場，法人向けのEB（Electronic Banking；エレクトロニック・バンキング）サービス，その後に登場するメールオーダーや電話によるサービス，そして他金融機関とのオンライン・ネットワークによる受付などは，当時の銀行原価計算ではまったく想定さえされていなかった。

③ 部門別原価計算ベースの原価配賦ロジック

当時の伝統的原価計算の原価配賦ロジックは，部門別原価計算がベースとなっていたため，銀行内で原価計算された結果の数値が割高になる点や，商品とコストの関係が見えにくい点や，そして何より原価の責任があいまいになるといった問題点があった[17]。

④ 事務量による原価配賦基準

事務に関する原価は，事務量に応じて配賦するのは銀行ならではと思える妥当な配賦基準である。運用面でも当時のホストコンピュータによる大量処理に適合する妥当なものと考えられる。しかし，当時の事務量による原価配賦には次の2点の問題がある。

第1に，事務以外の活動についても，事務量だけで配賦した場合に誤った意思決定をしかねない。たとえば，渉外行員の経費やセンターのシステム処理をも事務量で配賦することは妥当とはいえない。

第2に，原価計算対象が事務工程レベルにとどまり，顧客価値向上のための意思決定で適用される商品やチャネルの単位での原価計算が行われなくなる可能性がある。たとえば，顧客と商品や提供チャネルとの最適な組合せ（Cross Selling；クロスセリング）を検討するには，事務単位の原価では限界がある。

以上のとおり，1950年代から1980年代までは，高度経済成長と護送船団行政による外部要因に対しては，独立採算制を実現するための銀行経営志向型の管理会計によってうまく機能した。さらに，独立採算制は，1960年代に銀行への導入が開始されたホストコンピュータによって，本支店勘定利息制度と伝統的

原価計算が構築されることによって実現された。しかし，当時の銀行管理会計が銀行経営志向型の管理会計であったこと，財務会計依存型の管理会計であったこと，そして伝統的原価計算の限界などのために，金融の国際化と自由化，顧客ニーズの多様化，およびバブル経済突入といった市場や顧客からの外部要因に対する経営の適合性は徐々に失われていくのである。

おわりに

　戦後から1980年代は，銀行の管理会計が研究され，積極的に実施を試みた期間であった。戦後から1973年頃までの高度成長期とその時期最も効果的に機能した護送船団行政，1970年代にはいってから徐々に低成長期にはいり，国内では金融機関の同質化と顧客の獲得競争が激しくなり，そして金融の国際化と自由化が進むこととなった。1980年代になると金融の国際化は海外の政治的な圧力で強力に進展することとなり，あわせて，1980年代後半からは，バブル経済へ突入するといった最も大きなトピックへと進むのである。

　この時代の銀行の管理会計と原価計算には，3つの問題点をみることができる。第1は，銀行経営志向型の管理会計であったことで，第2は，財務会計依存型の管理会計であったこと，そして第3は，伝統的原価計算では経営の意思決定に適用が困難であったことである。

　第1の銀行経営志向型の管理会計は，1980年代以降の企業の銀行離れ，顧客の金利や金融商品選好の高まりによって，徐々に機能しなくなっていく。銀行経営志向型の管理会計が構築された原因として考えられるのは護送船団行政である。護送船団行政は，銀行に市場や顧客，さらには株主に対しての企業価値向上の経営を忘れさせてしまった。高度成長期と護送船団行政による銀行不倒神話を銀行経営者自身も当然のように思った時代であり，どうしても銀行中心で経営とその管理を考えたのである。

　第2の財務会計依存型の管理会計は，事後計数を与えるにすぎず経営のための意思決定には十分ではない。銀行管理会計は，銀行法の影響や銀行員の精緻

な性格からどうしても財務会計の呪縛から抜け出すことはできなかった。

第3の伝統的原価計算は，支店別の独立採算制を行っていく際のとくに業績評価の観点では機能するものであった。しかし，顧客価値向上のための意思決定を行うには不十分であった。

以上の3つの問題点のために，これまで構築してきた銀行の管理会計は，1980年代から本格的になった金融の自由化と国際化，そして顧客ニーズの多様化にはほとんど対応できなかった。銀行の原価計算も，事務を中心にして構築されていたために，1980年代以降のあたらしい金融商品やサービスへの対応がまったくできずに，使われないものとなっていった。とくに，1980年代後半のバブル経済は，管理会計を行う必要性を欠如させ，とくに，貸出の量さえ増やせばどこの銀行でも収益があがることから，銀行原価計算などにはほとんど注意が向けられなくなっていった。

結果的に，銀行の管理会計が喪失し，バブル崩壊を迎えて破綻する銀行さえ出てくるほどの最悪の経営状態となっていくのである。

注
1）金融の自由化とは金融における規制を緩和あるいは撤廃していくことを意味しており，とくに次の3つの施策がある。①金利の自由化，②金融新商品の開発，③業務分野の相互乗り入れ。

　　たとえば，金利の自由化については自由金利の譲渡性預金の創設，大口定期預金や小口定期預金の金利自由化，さらに流動性預金の自由化へと進み，1994年にはついに全面的な自由化となっていった。また，金融商品の開発については，中期国債ファンド，外貨預金，期日指定定期預金，ビッグやワイド，ジャンボ，MMC，大口定期預金など相次いで開発され発売された。業務分野の相互乗り入れとは，金利の自由化を受けて垣根を設けるよりも，市場の原理による競争が金融機関だけでなく利用者にとっても価値があると考えられ積極的に進められた。具体的には，長期信用銀行，銀行と信託銀行，銀行と証券会社などで相互乗り入れが行われた。その結果として，金融機関の同質化は激しくなった。この業務分野の相互乗り入れは，1996年の金融ビッグバンを受けて，さらに加速することになる。
2）1985年のプラザ合意で，円の国際化は一気に進むこととなった。
3）国際収支の大幅な赤字に悩む当時の米国大統領レーガンは，日本が金融と資本市

場の自由化が進むことによって，日本市場での米国金融機関の活躍の場が広がると考えた．

4) 大蔵省通牒（昭31.3.6 蔵銀第333号）原文では，「1-(1)-(ロ)（中略）不採算，非能率店舗の廃止または支店の出張所への変更を積極的に行うことが必要である．……（中略）…… 1-(3) 資金吸収形態の多様化，複雑化を排しできるだけその単純化，簡素化を図るためにも，この際，資金吸収形態別，たとえば，定期預金，普通預金，定期積金，当座預金，金銭信託ごとの個別計算を行い，その採算状況を検討することが必要である」（大蔵省銀行局，1958，p.81）となっている．

5) 当時は，合併されても支店の大半はそのまま存続された．

6) 第2章で分析した三井銀行のように，1901年には不採算支店の廃止のために支店別利益の推移を意思決定に利用するような管理会計的経営が行われていた旧財閥系の銀行もあった．

7) ただし，本支店勘定利息制度は金利を振替価格とした社内金利制度と同じ仕組みと考えることはできても，支店ごとに資本を割り当てるものではないため社内資本金制度ではない．

8) 本支店勘定が無利息では，融資のほうが多い支店では本支店勘定から借り入れるほうが有利であり，一方，預金のほうが多い支店でも無利息の本支店勘定へ資金を振り替える行動にはなりにくい．

9) 矢本（1957，p.264）は，支店別原価計算とは呼んでいないが，同様の計算内容のことを，山高（1964，p.165）は店舗別原価計算としている．本章では，現在の銀行実務上では支店別原価計算と呼ばれることが多いことと，山高の店舗別原価計算の名称も参考にして，支店別原価計算とした．

10) 加藤（1930，pp.97-104）は，預金科目別原価計算と預金者別原価計算を，それぞれ資金の種別原価計算と預金者勘定の解剖と呼んでいるが，同様の意味である．

11) 現在の銀行の組織でいえば，総務部と管財部に相当する．

12) 「昭和40年（1965年）5月22日，（中略）わが国最初のオンライン・リアルタイム・バンキングシステムが開始された」（三井銀行，1976）とあるが，三井銀行がIBMのメインフレームを採用したのが，銀行へのコンピュータ導入第1号といわれている．

13) 東海銀行（現 三菱東京UFJ銀行）の山高（1964）の原価計算は，富士銀行（現 みずほ銀行）の矢本（1957）の行った銀行原価計算とほとんど同様の体系であった．筆者の勤務した三井銀行（現 三井住友銀行）でもほとんど同じ銀行原価計算が行われていた．

14) 金利の自由化は，「1984年に大蔵省の発表した金融の自由化及び円の国際化についての現状と展望を契機とし，これがその後の金利自由化の流れが決定づけられた」（金融情報システムセンター，2003，p.1）とされる．

15) 当時，筆者はさくら銀行（現 三井住友銀行）の融資システムの開発を実際に担当していたが，支店別の収益管理が中心で，顧客単位の帳票については残高管理は行われていたものの，収益や原価の管理はまだ開発途上であったと記憶している。それは，融資やローンなどの経過勘定利息（未収利息や未経過利息）の管理が，支店単位でしか行われていなかったことも影響していた。
16) 1980年代後半より，銀行 ALM（Asset Liability Management；資産負債管理）の管理と運営のなかで金利リスクや流動性リスクが管理されていたが，管理会計とはまったく別の運用体系のリスク管理として行われていた。リスク管理は管理会計の範疇であるといった考え方もあるが，筆者は当時の管理会計とリスク管理の対象と目的が異なっており，理論的には十分に統合できていなかったと考える。そのため，本稿では1980年代までの銀行管理会計には，リスク管理は取り込まれていなかったとした。
17) 櫻井編（2000）で，あさひ銀行（現 りそな銀行）とさくら銀行（現 三井住友銀行）の伝統的原価計算の問題点があきらかにされている。これら伝統的原価計算の課題を解決するために，ABC（Activity-Based Costing；活動基準原価計算）が銀行に適用されるのは，バブル崩壊後の1998年に専修大学櫻井通晴教授の都銀向け銀行ABC研究会をもとにあさひ銀行やさくら銀行が実施する1999年頃のことである。第4章にて検討する。

第4章 ▶ バブル崩壊後の銀行管理会計
　　　―リスクを勘案した管理会計の登場―

はじめに

　1990年9月株価が暴落し，1991年にピークをつけた地価もそれ以降急激に下降し，ついにバブル経済は崩壊した。その後現在まで日本経済はデフレーションに陥り，いまだ完全に抜けきっていない。とくに銀行への影響は大きく，2005年になってようやく大手銀行のいくつかで不良債権処理に目処がついたところで，バブルの崩壊から約15年を要したことになる。その間には，北海道拓殖銀行，長期信用銀行といった大手銀行や，その他地方銀行や信用金庫で相次いで経営破綻が発生した。

　1980年代までは護送船団行政のセーフティーネットによって，銀行不倒神話を築いてきたが，1990年代には完全に崩壊することになる。とくに，バブルの後遺症である不良債権処理はいまなお日本経済にとっての課題である。1996年橋本総理大臣は日本版ビッグバン構想を発表した。その後徐々に金融の自由化や業態の相互乗り入れが進み，銀行業で競争と効率化が意識されるようになった。

　2000年代に入ってもなお日本の経済が完全に上向いたとはいえないが，バブル崩壊後の銀行管理会計の目的と体系はどのように変わってきたのか。そして，その銀行管理会計は，デフレ経済のなかで不良債権処理に追われる銀行経営に対してどの程度適合性があったのだろうか。

　本章では，バブル崩壊後から現在までの銀行経営の状況，銀行管理会計の体系と銀行経営への適合性の状況，および今後の銀行管理会計の課題について検討する。

4.1 バブル崩壊後の経済動向

　日経平均株価は，1989年12月末の38,915円をピークにして図4-1のとおり1990年9月に暴落した。地価は1991年にピークに達した後，急激に下落した。1991年ついにバブルが崩壊した。その後の10年間は膨大な不良債権に覆われ景気は大きく後退した。このようなことから，1990年代はバブル崩壊からはじまる「失われた10年」と呼ばれる。

　バブル崩壊後の経済状況のうち，銀行経営に大きく影響するのは，次の3つのトピックスである。

　第1に，不良債権処理問題である。不良債権とは，健全でない債権，滞っている債権，および回収不能債権を意味する。不良債権は銀行の資産価値低下によって自己資本の減少を招き，体力のない金融機関では負債が資産価値を上回る事態が発生して経営困難な状況に陥り，破綻清算されるところもあった。

　第2に，1996年に発表された金融ビッグバンである。この構想によって完全

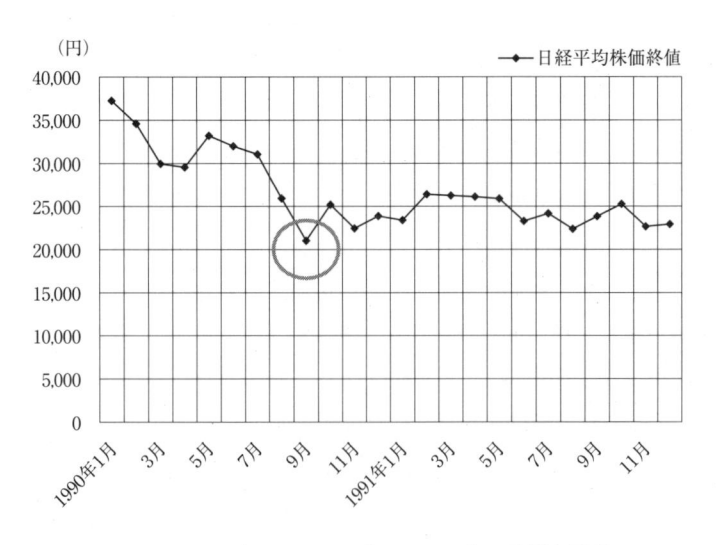

図4-1　1990年1月〜1991年12月の日経平均株価推移

に護送船団行政は払拭されることとなった[1]。逆に，護送船団行政時代の日本の金融・資本市場は，活発な競争による効率性や自由な商品開発によるイノベーション等が犠牲にされてきたといわれる。その結果，日本の金融・資本市場は，欧米の金融市場にくらべて大きく劣ったものとなってしまった。

1996年当時の橋本総理大臣による日本版金融ビッグバン構想が，国際競争力を失った日本の金融システムを改革し，バブル崩壊後空洞化した東京市場を一級の国際市場に改変しようとする試みであった。つまり，日本の金融・資本市場をニューヨークやロンドン並みの国際的に質の高い市場にするという戦略的な目標を掲げ，抜本的な規制緩和，包括的な金融法制の整備を行うというものであった。

内容の骨子は，①市場原理が働く自由な市場（フリー），②透明で信頼できる市場（フェア），③国際的で時代を先取りする市場（グローバル）の3大原則で成り立つ。具体的には，投資家・資金調達者の選択肢の拡大，仲介者サービスの質の向上および競争の促進，利用しやすい市場の整備，そして，信頼できる公正・取引の枠組みルールの整備などである。金融ビッグバンは，既に実現可能なものから順次実行に移されているが，すべてのプログラムが完遂されて，日本の市場が国際基準に追いつくとされた。

第3に，銀行のリスク量のモニタリングが制度として行われるようになった。1988年のBIS規制[2]と1998年の早期是正措置における自己資本規制のためにリスク量の把握が必要となった。すなわち，銀行のリスクを数値で把握して，それをコントロールすることを要請するものであった。当局は健全性を図るために自己資本比率を求めるようになり，それは結局のところリスク量を管理するものにほかならなかった。

4.2 バブル崩壊後の銀行経営戦略の特徴

わが国の銀行は，バブル崩壊によって発生した膨大な不良債権処理を早期に行う必要に迫られた。しかし，長引く不況のために企業の資金需要がしだいに

減少し，銀行の貸出金利が低下していった。超低金利政策によって預金金利も下がったが，貸出金利の落ち込みを補えず，銀行の利鞘はきわめて低い水準に落ちた。しかも，長期不況とデフレーションによって企業の倒産リスクが高まり，銀行がいくら償却を行っても，新たな不良債権が生まれるという悪循環に陥った。

そこで本節では，バブル崩壊後わが国の銀行に求められた「収益性の向上」「健全性の確保」「地域の活性化と企業育成」の3つの経営戦略について検討する。

(1) 収益性向上のための戦略

不良債権を処理するために，銀行はかならず収益をあげなければならない。しかし，現状の低金利の環境では銀行が収益をあげるのは容易ではないし，ましてやあらたな不良債権先を増やしてはならない。そのため，「選択と集中」を行って，優良取引先を選別してその取引先との営業に資源の集中を行うことが考えられた。わが国の銀行の多くは次の3つの戦略目標を策定した。

① 資金量ではなく資金収益額重視

これまでは，量的拡大の戦略であったが，1990年代になってからは資金収益額のほうを重視する経営が行われるようになった。銀行の収益とは第1章で述べたように，ほとんどが融資やローン等のストック商品による利息（＝資金量×金利×期間）であるため，その利息額が収益目標とされた。すなわち，貸出金額による量的拡大戦略ではなく，貸出利息額による質的向上戦略へと変化した。その理由は，資金量が多くなると不良債権化して自己資本比率の低下を招く可能性もあるので，量よりも質の高い債権を増やす戦略となった。

② 顧客本位の徹底

1980年代に徐々に萌芽しはじめていた「顧客本位」の概念は，1990年代になってからはより明確に意識され，これが最も優先される戦略となった。それは，バブル崩壊後，日本の社会全体が大衆の時代から「個の時代」へと変化したことにも関係している。

護送船団行政下の銀行は，顧客よりも金融当局を気にしながら横並び経営を行えばよかったが，金融の自由化と金融ビッグバンによって，顧客を向いて顧客ごとの嗜好に応えるサービスを提供することで対価（収益）をあげなければならなくなった。そうしなければ，低利鞘環境でかつ他業態からの銀行業への参入などによる競争激化で勝ち残ることはできない状況となった。すなわち，バブルが崩壊し，護送船団行政が終焉したことにより，一般のサービス企業では当たり前の顧客の満足度向上に関する戦略が，最も優先されるべき戦略として銀行業ではじめて認識されたのである。

③ 業務純益[3]の重視

　低金利かつ競争激化となった1990年代では，資金収益や役務収益からなる収益の向上は容易ではない。そのため，銀行の本業の儲けを示す利益に相当する業務純益の向上が重視されるようになった。そのために原価低減が目標にあげられ，伝統的原価計算よりも納得感の高い合理的な原価計算を求める機運が起きた。また，経営レベルでは，よりドラスティックにBPR（Business Process Re-engineering）や統合や廃店を行わなければ生き残れない状況になった。このように1990年代になってようやく利益（業務純益）を目標として銀行経営が行われるようになった[4]。

（2）健全性確保のための戦略

　護送船団行政下においては「協調と安定による健全性の確保」が優先されたが，1980年代以降は金融の国際化と自由化，そして1996年の金融ビッグバンによる「競争と効率」が優先されるようになった。しかし，競争と効率が優先されるようになったとしても，銀行の「健全性の確保」は決して不要になったわけではなく，バブル崩壊後銀行の破綻が相次いだことから，逆に金融庁はより明確に数値の形で各銀行の健全性を管理しようとしている。

　つまり，護送船団行政崩壊後の銀行では，収益性の向上を推進しつつ，一方で健全性の確保もより充実させていかなければならない。一般企業にはあまりみられない二律背反的な銀行の経営戦略がより鮮明に必要とされる。しかし，

これまでの章でみてきたように，戦前の銀行濫立時代にはおそらく収益性の向上のみ求める銀行も多かったようであるし，銀行法制定後，戦時体制を経過して戦後復興の役目を担った護送船団行政下では健全性の確保が優先されていた。1990年代になって，金融ビッグバンによる自己責任の原則によって，「健全性を確保しながら収益性の極大化をはかる」（金融情報システムセンター，2003）ことが必要になったのである。

(3) 地域の活性化と企業育成のための戦略

不良債権を処理するためには，銀行はより収益性を高める必要がある。そのためには優良な先にのみ貸出を集中する戦略をとるべきであるが，当局からは企業育成や地域社会環境の活性化のための中小企業向け融資の促進[5]が求められている。

貸出の効率性を高めるため，貸出先の信用格付に応じて貸出金利に信用リスク・プレミアムを上乗せする方式を適用する銀行が多くなっている。銀行にとってのリスク・リターンの考え方であるが，国際的にも金融の自由化の観点からも本来あるべき姿とされた。しかし，日本の社会では「貸し渋り」として，よく思われない場合が少なくない。

一方，銀行の営業現場では，本来の銀行ビジネスとは将来成長力のある企業に対して資金を供給することであると考える日本のバンカーも多い。そういった将来成長力のある企業は，直接的な資金調達はまだ十分にできずに，まさに間接金融である銀行に頼らざるをえない。高度成長期のころの銀行と企業の関係は，間接金融中心の金融市場だったとはいえ，おそらく，護送船団行政のもとで銀行の役割として認識されていたに違いない。たとえば，トヨタ，ソニー，イトーヨーカドー等と，三井銀行（現 三井住友銀行）とはそのようなパートナー関係にあり，それがメーンバンク制へと発展する。

現在では大手企業は直接金融によって資金を調達するようになり，銀行離れが進んでこれまでのようなメーンバンク関係は希薄になった。それも銀行が，企業にとって魅力のある金融商品サービスを提供できなかったために，企業は

自ら市場に目を向けた結果であると考えることができる。金融ビッグバンによって金融業務が基本的に完全自由化されたわけであるから，今こそまた銀行として企業への魅力あるサービスを提供することによって，新たなメーンバンク関係を築くことも可能ではないかと考えられる。

銀行の場合，企業の現在の信用力だけをみて金利を機械的に設定した貸出だけでは無理がある。とくに，地方の企業や個人事業主は，銀行の資金供給によって日々の経営が成り立つだけでなく，会社の信用力が生まれ，ときには銀行の担当者から財務管理のアドバイスを受けることさえある。銀行とその貸出先といった単純な債権債務だけの関係では済まされない。ひいては，その企業だけでなく地方全体を活性化させ，近い将来に全体の業況が活性化し，より高い収益を生み出す可能性もあるからである。地方の銀行になればなるほど，単純に顧客のいまの信用度や収益性だけでなく，銀行と顧客の間のリレーションシップが重要になってくる[6]。

このように日本の銀行は，収益性の向上を求めるだけでなく，健全性の確保や，地域や企業の経営活性化のための社会的なインフラとしての役割を担っており，ひとつだけではなく多面的な戦略立案を行う必要がある。

4.3 バブル崩壊後の銀行管理会計の特徴

1996年の橋本内閣による金融ビッグバン構想にはじまり，2003年の金融庁からは「(銀行は) 健全性を確保しながら経営の適切性（または効率性）も確保しなければならない。さらに，銀行はすでに護送船団行政で守られた業界ではなく，一般の私企業として自己責任の原則の下，企業価値を高めていかなければならない」[7]（金融庁金融審査会，2003, p.8）と指導された。バブル崩壊後の日本の銀行は，それまで守られてきた護送船団行政が完全に崩壊して「自己責任の原則」といった市場原理の中で自分が打ち立てた戦略にもとづいて経営することとなった。

この護送船団行政の崩壊と銀行業への自己責任の原則の導入が，バブル崩壊

後の銀行管理会計への外部要因としては最も大きなインパクトと考えられる。さらに，金融の自由化と顧客ニーズの高まりによる顧客サービスへの充実，膨大な額に上る不良債権の処理，そしてデフレ経済といったマクロ経営環境の悪化などの外部要因によって，バブル崩壊後の銀行管理会計は大きく変化した。このようなバブル崩壊後の銀行管理会計の目的と特徴は，次の3点にまとめられる。

第1に，自己責任の原則によるリスク・リターンの市場原理を導入する目的で銀行管理会計にリスク量が取り込まれた。図4-2のように貸出債権1件ごとに信用リスクのVaR（Value at Risk；バリュー・アット・リスク）を計算して，その予想損失額（または期待損失額ともいう）を収益から控除する方式が考案された。この予想損失額は管理会計上の貸倒引当金と考えてもよいが，銀行管理会計上は「信用コスト[8]」と呼ばれている。銀行管理会計上では，このリスクをコストとみなしたリスク調整後利益[9]をもって意思決定に利用するようになった（金融情報システムセンター，2003, p.2；日本銀行，2001, p.25）。このように，銀行管理会計に対して金融工学的アプローチによって計量化されたリスク量が取り込まれた[10]。

第2に，護送船団行政の崩壊によって，自ら「健全性の確保」を管理会計指標として捉えるようになった。過去，銀行は業況の良否を繰り返しながら，結

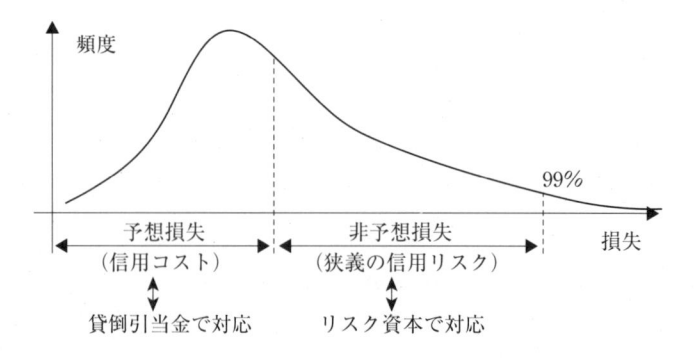

図4-2　貸出における予想損失と非予想損失（信頼水準99%のケース）
（出所）日本銀行（2001, p.16）をもとに筆者が一部加筆。

局は当局の規制，すなわち護送船団行政といった保護のなかで安定を確保していた。しかし，バブル崩壊後，その護送船団行政によるセーフティーネットは実質的に崩壊し，銀行は自己責任の原則によって健全性を確保し，安定経営を目指すことになった。これは，BIS規制[11]または国内の自己資本比率規制の影響も大きい。国際取引を行う銀行は，BIS基準8％をクリアする義務を負ったが，その必要性から，銀行内部の管理会計システムに資産別のリスクを計量化して自己資本でカバーするといった指標による管理が行われるようになった。

すなわち，RAPM（Risk Adjusted Performance Measurement；リスク調整後業績測定尺度）（Matten, 2000）を日本においても導入する銀行があらわれた[12]。RAPMにはいくつかの種類があるが，最も広く利用されているRAROC（Risk Adjusted Return on Capital；リスク調整後資本利益率）はバンカース・トラストが1980年代に市場系商品のパフォーマンスを評価するために開発したといわれている。RAROCは，ROC（Return on Capital）を基にしたRAPMであるが，表4-1のように銀行の業務上の当期収益から経費と信用コストが差し引かれたリスク調整後利益を分子におき，分母にはVaRによって算定された非予想損失額をカバーするよう割り当てられたリスク資本[13]で除して算定される（小野，2002）。

第3に，銀行間競争の激化，低金利，デフレ経済，そして顧客ニーズの高まりを受けて，顧客サービスをより充実しなければならなくなり，支店の単位で収益性を捉えるだけでなく，さらに細かい顧客の単位で収益性を測定することによって，顧客ひとり一人で異なる金利を設定するなどのサービスを可能にする「顧客志向の管理会計」が実現された。その測定方法として，従来行われた本支店勘定利息制度と伝統的原価計算が，それぞれFTP（Funds Transfer Pricing：資金振替価格方式[14]）とABC（Activity-Based Costing；活動基準原

表4-1　RAROC算定式

RAROC ＝ （収益－経費－信用コスト）／リスク資本
ただし，リスク資本 ＞ VaR

価計算）へと高度化された。

　FTPとは図4-3のとおり，預金や貸出1件ごとに市場レートを参考にして内部振替レートを設定する仕組みである（Deville, 2001）。FTP管理は，個々の預金口座や貸出債権の単位で，取引実行時点や金利種別，約定期間，金利更改期間，金額階層などさまざまな取引属性に応じて内部振替レートを設定するものである。FTPによって，業績評価上は約定期間満了（満期到来）までスプレッド収益[15]を保証することができるので，支店の収益から金利変動リスクが完全に排除されたものとなる。

　1995年，当時の都市銀行からFTPの導入がはじまり，1999年には地方銀行にも導入がはじまった。現在では都市銀行から地方銀行でみれば，約70％弱のところでFTPが稼動済みもしくは構築中の状況である（金融情報システムセンター，2002）。

　また，FTP管理によれば預金利息を控除した形で資金収益が算定されるため，預金利息は銀行原価計算のための主要な構成要素ではなくなった[16]。FTP管理導入以前では，銀行の預金利息は一般企業の製造原価と同様のものと考えられ，銀行原価計算の原価要素として処理されてきた。ところが，FTP管理の登場によって，預金利息は個別仕切り利息との差額であるスプレッド収益が計算されるため，預金利息を銀行原価計算の中で処理する必要がなくなったの

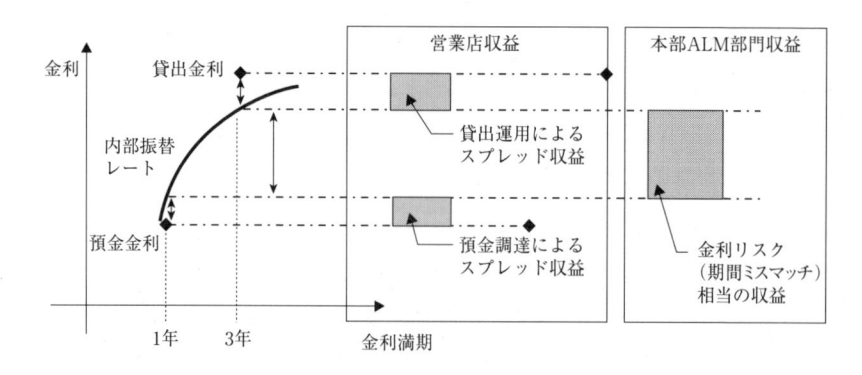

図4-3　FTPの仕組み

である[17]。

　次に，ABCは1980年代まで実施された伝統的原価計算の問題点を克服するために適用された。1997年，専修大学櫻井教授を中心とした現役の都市銀行企画メンバーらによる「銀行業の原価計算研究会」が発足し，約1年間をかけてABCの有用性と導入方法が検討された。その結果，当時のあさひ銀行（現　りそな銀行）とさくら銀行（現　三井住友銀行）においてABCが構築されるに至った（櫻井，2000；髙木，2004）。研究会の答申としてABCによれば，活動する側の責任とその活動を消費する側の責任が明確に区別されるうえ，融資残高や預金量など本来の活動とは直接的には関係が薄いものにくらべて，システムについてはトランザクション回数，行員の事務や渉外活動などにはそれぞれ事務件数（または事務量）や顧客訪問回数と訪問時間など活動を意識したコストドライバによって，より合理的に原価を割り当てることができるとされた[18]。

　このようなリスク量の取り込み，FTP，さらにABCのように非常に細かい単位の計算を大量に行うことを可能にした要因として，ITの高度化を忘れてはならない。FTPが都市銀行に登場する直前の1990年代半ばまでは数十メガバイト（MB）程度のディスク容量しかなかったものが，同じ価格帯で1990年代後半にはギガバイト（GB）の登場，そして現在では数百ギガバイトからテラバイト（TB）の単位まで処理できるようになった。同時にCPUの演算速度も想像もできないくらいに高速化し，LANなどのネットワークが当たり前のように使われるようになった。ITは，1990年代終わりになって，ようやく銀行の顧客志向の戦略にもとづくビジネスでの実用化に耐えられるレベルになり，それにあわせるようにして，FTPやABCが銀行へ適用されたと考えられる。また，ITの高度化がなければ，信用リスクのVaR計算もできなかった。現在では，個人から法人まで顧客全員のリスクを考慮した原価と収益を計算することも可能になっており，たとえば，沖縄銀行では融資審査においても測定された顧客別の収益性データをもとに分析が行われている[19]。

　以上のとおり，バブル崩壊後，金融の自由化と顧客ニーズの高まりや，不

良債権処理やデフレ経済などの外部要因に対して，銀行の内部管理会計システムとしては，リスク量の取り込み，健全性の確保と収益性向上を確認するRAROC の導入，そして，FTP や ABC を用いて顧客別の収益性を計算することを可能にして「顧客志向の管理会計」が実現された。その実現の要因には，1960年代のホストコンピュータの銀行導入が伝統的原価計算導入に影響したのと同様に，1990年代後半の IT 高度化が重要な要因となっている。

4.4 銀行管理会計の実施状況

現状でのわが国銀行管理会計の状況は，銀行，労働金庫，信用金庫，さらには郵便貯金（郵政公社）において，すでに ABC や FTP（スプレッド収益管理），およびリスク調整後業績指標（RAROC, RAROA 等）の導入が進んでいる[20]。

たとえば，わが国ではじめてリスク調整後 ROE による経営管理を行ったのは，さくら銀行（現 三井住友銀行）であった（さくら銀行, 1998）。さくら銀行では，1997年10月にカンパニー・グループ制を採用し，投資銀行業務については投資銀行ディビジョンカンパニーとし，商業銀行業務については，支店営業グループ，営業部グループ，海外営業グループに分けた。カンパニー・グループ制の実施と同時に「リスク調整後 ROE」が導入された。さくら銀行では，リスク調整後 ROE を統合 ROE と称して経営管理上の業績運営指標とした。各カンパニー・グループのリスクを計量化し，銀行内の統一的な尺度として各カンパニー・グループの収益性を評価し，収益性の高いカンパニー・グループに資本を重点的に割り当てる経営を行った（木村, 1999）。

さくら銀行の統合 ROE は，銀行全体の自己資本を VaR[21]によって測定された各事業部門のリスク量に応じて比例配分されたものを分母としてその効率性を算定する考え方である。さくら銀行では，これを「割当資本」と呼ぶ。すなわち，次の計算式によって各事業部門の割当資本を計算する。さくら銀行の統合 ROE は，次の式で計算される。

統合 ROE ＝（経費控除後利益－信用コスト）／割当資本

ここで，割当資本の計算は次のとおりである。

事業部門の割当資本 ＝ 自己資本総額×（各事業部門 VaR／銀行全体 VaR）

ただし，割当資本にもとづくリスク調整後 ROE によるパフォーマンス管理は，次の3点で問題があった。

第1に，自己資本全額を各事業部門に割り当てるために，VaR を超える自己資本は過剰資本となる点である[22]。逆に，相当なリスクを抱えてしまった場合には，銀行全体の VaR が自己資本総額を超える場合もありえないわけでない。その場合，VaR は大きく算定されたとしても自己資本総額がそのままか小さければ，結果的に各事業部門への割当資本は変わらないか小さいままで，統合 ROE も現状維持か逆によくなる事業部門さえ出てくる。そうなると，統合 ROE だけでは経営上ミスリードされる可能性がある。

第2に，当該事業部門のリスクが変化していなくても，他の事業部門の VaR が変化するとその影響を受けて割当資本が変化してしまい，結果的にリスク調整後 ROE も変化するという問題がある[23]。これは，伝統的な原価計算でいわれる全部原価配賦の問題と同じである。

第3に，あくまで特定期間のパフォーマンスを評価する指標であり，長期的なパフォーマンスを評価できない。統合 ROE の分子は特定期間（たとえば，2005年上期など）の収益とコストを把握している。分母の割当資本は，特定時点の自己資本をスナップショットで配賦しているものである。そのため，営業活動から完成までみれば7年から10年はかかる大規模ビルディング建設プロジェクトなどへの中長期的な投資案件を担う不動産ファイナンス，プロジェクト・ファイナンス，シンジケーション・ローンなどを担当する事業部門のパフォーマンス評価には適用できない。

最近では，三菱東京 UFJ 銀行[24]，スルガ銀行，あおぞら銀行，近畿労働金庫[25]において BSC が導入され，一般企業への管理会計適用にくらべても銀行

業への適用がとくに遅れているという状況ではない。反対に先行研究でみてきたように銀行経営における収益力の向上と並んで健全性確保の目的のため，銀行管理会計とリスク管理とが融合したことなどは先進的な特徴も有している。ところが，業界への適用率については，一部の銀行や労働金庫にのみ先進的な銀行管理会計の導入が進んでいる状況であり，下位の地方銀行，第二地方銀行，その他ほとんどの信用金庫や信用組合では，まだ十分な銀行管理会計が導入されたとはいえない状況にある[26]。

4.5 現状の銀行管理会計の経営への適合性と今後の課題

現状の銀行管理会計は，はたしてその銀行の経営実務にどこまで役に立っているだろうか。それについては，1920年から1970年代までの英国の銀行管理会計の経営への適合性を検討した Billings and Capie（2004）の文献が参考になる。彼らによれば，「銀行管理会計は価格設定には必要とされなかったが，たとえば顧客別収益性はあきらかに役に立っていた」と課題はあるものの経営への適合性は認められるとした。ただし，「コストは収益に応じて配賦されたにすぎず，特定の期間終了時点まで低収益性の顧客を把握することはできなかった」とも述べている。

これまでみてきたように，わが国の銀行管理会計は1990年までのバブル崩壊までは護送船団行政にもとづいた銀行内の管理を目的としたものであったが，バブル崩壊後の1990年代後半から現在にかけては，リスク・プレミアムの取り込みによって銀行商品の価格設定である顧客の商品別金利設定にまで適用されるようになった。皮肉にも，バブル崩壊といった痛みを経験することで，ようやく銀行管理会計は護送船団から抜け出し独り立ちできるようになったように思える。しかし，まだ次の3点で発展途上であり，銀行管理会計の今後の課題としていまなお残っている。

第1に，収益だけでなく ABC によっていかに精緻な原価を計算し，業務純益[27]を算出したとしても，あるいはリスクを勘案した収益やリスク調整後 ROE

やRAROCで管理したとしても，結局は「過ぎ去った一時点の損益」をみているにすぎないという点である[28]。すなわち，現状では各銀行が経営管理において管理会計として行っている指標はほとんど過去の一定の期間損益実績でしかない。これまで，銀行管理会計を行うにあたっての基礎数値として，銀行は決算などの財務会計の結果に依存せざるをえなかったため，結果として収益費用アプローチ[29]の管理会計になってしまったのではないかと考えられる。

護送船団行政下での銀行では，独自戦略はとくに必要とされず正確に総勘定元帳を守り当局の事後検査に応えてさえいればよかったともいえる。そのため，その総勘定元帳を出発点として，そこに記録される収益と経費をもとにして別の切り口で分析することで銀行の管理会計の数値とされた。たとえば，現状での顧客別収益性分析も結局は財務会計ベースの収益費用の指標をもとに細かく分析するだけのものでしかない。財務会計における収益費用をベースとするため，将来ビジネスのもたらす収益価値，研究投資など長期的な効果で実現する価値，さらに販売力やブランド力やレピュテーションなど無形あるいは知的な資産価値といった，今後顧客を活性化させ地域を豊かにするのに最も重要なファクターが現状の顧客別収益性管理には存在しない。管理会計による情報を意思決定に役立てるためには，長期的あるいはライフサイクルを考慮した損益や，知的資産など無形資産の将来にわたる評価損益が組み込まれるべきであろう。

そのためには，銀行管理会計へのリスク取り込み方法の高度化が必要である。現状では，リスクを勘案した利益管理を行う銀行の仕組みは，収益から予想損失である信用コストと原価が差し引かれる仕組みである。本来のリスクとは将来のキャッシュ・フローの損失や変動性を示すものであり，単純に期間損益から差し引くだけでは済まないものである。リスクの変動による将来キャッシュ・フローの変動額がタイムリーに損益として認識されることで，より経営の意思決定に資するものになると考えられる。

第2の課題は，ほとんどの銀行で実際に適用している「顧客別管理会計[30]の限界」である。顧客別にさえ計算しておけば，それを組み合わせて集計するこ

とで，顧客セグメント別や営業店別など目的別の損益指標が算定されるといった要素還元的な考え方にもとづいている。しかし，勘定系システムからの顧客取引に関するデータはすべての顧客を特定して処理するものではない[31]。現状ほとんどの銀行の勘定系システムでは，為替など決済性の事務処理における顧客の特定は困難な状況にある。

顧客志向で顧客別に管理することは決して間違っていない。しかしながら，すべての顧客に対して単純に同じ仕組みを適用することが正しいとはいえない。たとえば，マス一般の個人別の収益性管理については，個々の収益性管理よりも商品やチャネルなどのサービス・プロダクト別の収益性管理を行うほうが実務的には価値があるかもしれない。中小零細企業に対しては要素還元的に管理されるよりもポートフォリオ管理[32]され，トヨタやソニーなどの大企業の管理には顧客別管理会計が適用されるなど，顧客セグメントに応じた最適な管理手法が適用されると考えられる[33]。

多額のシステム投資を行って全顧客の顧客別収益性を把握することで，顧客セグメント別のビジネスモデルに最適な管理ができるというわけではなく，本来は逆で，顧客セグメント別のビジネスモデルに合わせた管理会計手法が適用されるべきなのである。勘定系システムからの基礎データに限界があることからも当然の銀行管理会計要件となると思われる。

また，顧客志向の管理会計は実現されたが，一方，その他のステークホルダー（stakeholders；利害関係者），すなわち株主，従業員，関係会社，地域社会，金融当局，環境などを考慮しなくてよいというわけではない。これらステークホルダーによって銀行は存在するといっても過言ではない。したがって，本来の銀行管理会計の目的は多様な顧客も含めてあらゆるステークホルダー間の調整を行いながら企業価値を高めるものになっていかなければならない。

第3の課題は，銀行管理会計が「部分最適」である点である。現状では，企画部の経営計画策定と予算制度，営業店管轄部署の営業店業績評価，そして人事部が管理する各行員の目標管理制度について，全体最適化が十分に行われて

いない。銀行全体の経営管理体系や店別の業績評価体系，そして行員別の人事管理制度が全体整合的になっていないので，それぞれの目標がばらばらで非効率になりがちである。経営計画策定や予算制度には財務会計上の数値がおもに使われ，営業店業績評価の目指す目標は経営計画の一部財務的指標を引き継いだものにすぎず，ましてや目標管理制度は経営計画や営業店業績評価と関係のない指標であっても現場ではほとんど問題とされずに，そのまま賞与に反映させる人事評価体系になっているところもある。

以上3つの課題に対して，最近では三菱東京UFJ銀行，鹿児島銀行，スルガ銀行などで導入が進むBSC（Balanced Scorecard；バランスト・スコアカード）が有効と考えられる。詳しくは第8章で検討する。

おわりに

バブル崩壊後の1990年代は「失われた10年」といわれるが，銀行管理会計にとっては逆に高度化の10年となった。1980年代までの護送船団行政が完全に崩壊し，金融ビッグバンによって，自己責任の原則といった市場原理が急に銀行へ持ち込まれ，銀行不倒神話が崩れ混乱した10年ではあった。しかしながら，バブル崩壊といった痛みをともなうことで，ついに新しい銀行管理会計の体系が構築された。

そのあたらしい銀行管理会計体系とは，顧客志向と銀行経営の基本的なミッションである収益性の向上および健全性の確保の両方を満足する体系である。そのために，銀行管理会計にリスクの概念が取り込まれた。1873年の銀行設立以来1980年代までは一般企業と同様，銀行管理会計にはリスク量は取り込まれてはいなかった。しかし，1990年代後半には金融工学の実用化とITの高度化によってリスクの計量化が可能になり，その結果，計量化されたリスクを利益に対するコストやそのリスクをカバーするための割当資本とみなした業績評価が行われるようになった。

あたらしい銀行管理会計の体系が構築された要因のひとつは，1950年代後半

から護送船団行政下で行われてきた量的拡大を経営目標とする当時の銀行管理会計の体系ではバブル崩壊を予兆できなかった，という経営への低い適合性に対する反省があったものと考えられる。

しかし，筆者はまだ完全な銀行管理会計が構築されたわけではないと考える。たとえば，リスクの取り込み方法，将来価値の算定，ブランドやレピュテーションといった無形の資産評価など課題は多い。銀行管理会計の体系についても，顧客志向といったコンセプトだけでは十分ではない。今後は，中小企業の支援や地域の活性化など，あらゆるステークホルダーに対する企業価値向上を管理・実行支援する銀行管理会計の体系が求められている。

そこで，次章では，これまでみてきた1873年の銀行設立から現在までの銀行管理会計の変遷をもとに，ステークホルダーによる銀行に対するコーポレート・ガバナンスと銀行管理会計の変化との関係性を歴史的に考察して，銀行管理会計の課題と今後の展望をあきらかにしたい。

注
1) 護送船団行政に代わるセーフティーネットは，ペイオフ，破綻銀行の処理，および早期是正措置である。
2) 国際的な金融取引を行う銀行に対して導入された国際的な規制である。スイスのバーゼルにあるBIS（Bank for International Settlements：国際決済銀行）が，銀行の経営の健全性を保つために自己資本比率の規制を求めたものである。
3) 業務純益とは業務粗利益（資金運用収支，役務取引等収支，特定取引収支，その他業務収支の合計）から一般貸倒引当金繰入額および臨時的な色彩のない経費を引いたものである。換言すれば，業務純益は銀行本来の業務による利益という意味であり，銀行法では開示項目ではないがほとんどの銀行で開示している。
4) 1980年代までの銀行では資金量など量の目標と管理が基本であり，収益目標は立てられても利益目標を設定する銀行はほとんどなかった。
5) 金融庁金融審議会（2003）を参照。
6) 2003年に金融庁より発表された『リレーションシップバンキングの機能強化に向けて』（金融庁金融審議会，2003）によって，地域の活性化と中小企業への経営支援など地域金融には収益性の向上だけではなく地域社会への貢献とそのためのアクションプランが求められた。
7) 括弧内は筆者加筆。

8) 信用コストとは，貸出にともなう予想損失額（平均的な損失額または期待損失額）のことで，過去のデータから統計的に計算されるものである。管理会計上で計算される貸倒損失額と考えてもよい。信用コストは，VaR との関係に関することや管理会計とリスク管理との融合の観点で重要な指標である。
9)「リスク調整後利益＝収益－経費－信用コスト」
10) 本論文では，リスクの概念が取り込まれた銀行管理会計のことを以下「金融管理会計」と称する。
11) バーゼル委員会の報告書のこと。
12) 当時のさくら銀行（現 三井住友銀行）では，統合 ROE 管理の計画と実績をディスクロージャー誌にも掲載している。次の三井住友銀行 HP より入手できる。http://www.smfg.co.jp/financial_ir/library/rationalization/pdf/2000_12_sakura_report.pdf（2005／09／30）。2002年に行われた財団法人金融情報システムセンター主催の金融機関におけるリスクを考慮した収益管理研究会のなかで，その他の大手銀行についても導入済みもしくは導入に向けて開発中と発表された。
13) リスク資本は，実務では，「業務運営上抱えるリスクから生じる予想外の損失をカバーするために必要な資本」（石川・山井・家田，2002, p.174）として定義されるのが一般的である。リスク資本は，BIS 基準における規制上の所要自己資本とは異なり，金融機関が自主的に構築するリスク管理の枠組みのなかで用いられる資本である。
14) FTP は，アメリカで起きた資金収益の内部振替制度であるが，日本へ紹介される際に，スプレッド収益管理（大久保，1996）として紹介された。
15) スプレッド収益とは，融資であれば貸出利息から内部振替利息を引いたものである。たとえば，貸出レートが5％，内部振替レートが2％とすると，スプレッド収益は3％分の利息額となる。
16) 加藤（1930），矢本（1957），山高（1964），諸井・米田（1978）の発表した当時の銀行原価計算では，預金利息が銀行にとっての外部への支払利息であるため，その預金利息を費用の一部として原価計算が行われている。一方，FTP 管理によれば，預金利息そのままではなく，預金利息と内部振替利息との差額をスプレッド収益とすることで収益管理のなかで管理されるようになるため，預金利息それ自体は原価計算の構成要素とする必要がなくなった。
17) 預金利息は，財務会計上では支払利息として計上されなければならない。FTP 管理による指標はあくまで管理会計上の計数である。銀行では，財務会計と管理会計については銀行全体で期末に差異分析されて合計を一致させる仕組みとなっている。
18) 第Ⅱ部で実際の銀行 ABC のケーススタディを行って，伝統的原価計算と ABC の効果の違いを明確にしたい。

19) 沖縄銀行では，顧客ひとり一人の単位で，リスクを考慮した収益性と，銀行が経営上期待する期待収益率，および資本コストを加味して，貸出金利や定期預金金利を設定している（西田，2002）。
20) 第Ⅱ部で，銀行における収益管理，原価計算，BSC（Balanced Scorecard）のケーススタディを行うことでより詳細に検討を行う。
21) リスクを統計的手法により測定した数値のこと。一般には株式，債券，投資信託など値動きのある金融資産を保有している場合に，市場の変動によってどの程度損失を被る可能性があるかを金額で示したもの。金額が大きいほど資産が内包しているリスクが大きい。同様に，融資やローン債権に対してVaRを適用して信用リスクの定量化が行われる。
22) 木村（1999, p. 163）は，過剰資本の問題についてすでに指摘している。ここでは，さらに「自己資本総額＜リスク資本」のケースにおける経営意思決定上の問題点を指摘した。
23) ある事業部門のVaRの変化が他の事業部門の割当資本割合に影響を及ぼす点が指摘されている（木村，1999, p. 163）。ここではさらに，管理会計的な観点で伝統的な原価計算における配賦問題と同じであることを指摘した。
24) 東京三菱銀行（現 三菱東京UFJ銀行）総合企画部の南雲岳彦調査役が報告している（南雲，2003）。
25) 櫻井（2003）によってケーススタディとして検討されている。
26) 2002年の銀行への管理会計適用状況については，金融庁の外郭団体である社団法人金融情報システムセンター（FISC）によって各銀行へアンケート調査されてまとめられている（金融情報システムセンター，2002）。
27) 銀行業における本業の儲けをあらわす指標のことで，「業務純益＝利益＝収益－原価」と考えてよい。
28) Kimball（1997）は，1997年当時の銀行管理会計には，①各事業へ割当てた資本の合計と実際の自己資本額に差異が発生する問題，②信用リスク・プレミアム計算の困難さ，③商品や顧客関係のライフサイクルでの評価すべき問題，の3つの課題を指摘している。現状では，実務的に十分解決できていないのは，③商品や顧客関係のライフサイクルでの評価すべき問題である。この指摘も参考にしている。
29) 収益費用アプローチとは，企業の達成した成果としての収益とそれを達成するために費やされた努力としての費用との差額で利益を計算するアプローチである。
30) 銀行の顧客別管理会計とは，個々の顧客ごとに収益，原価，リスク量を算出して，それぞれのリスク調整後収益性を計算するものである。
31) たとえば，振込みなどの大量に処理される為替手数料については，勘定科目単位では管理されるが，顧客ごとに伝票が起票されないことが多い。
32) 分散効果があらわれる集合単位での管理の意味である。

33）新 BIS 規制，すなわちバーゼルⅡでも，大企業先には個別の信用リスク管理で，中小企業の信用リスク管理には小口分散管理が提言されていることと同様である。

第5章 ▶ 銀行管理会計とコーポレート・ガバナンス
―関係性に関する歴史的考察―

はじめに

　かつて銀行不倒神話といわれるほど，日本の銀行は最も経営が安定した業種のひとつと考えられていた。しかし，バブル崩壊後は，1997年の北海道拓殖銀行や1998年の日本長期信用銀行など衝撃的な経営破綻が相次いで発生した。2003年5月17日にりそなグループが公的資金注入によって実質国有化され，2003年11月29日には足利銀行が経営破綻認定により一時国有化された。戦後，大蔵省など金融当局の護送船団行政が日本の銀行経営の安定化に機能していたものであるが，バブル崩壊後の銀行は金融の国際化と自由化の進展によって一般企業と同じように「市場の原理」にしたがった経営を行わなければならなくなったことが相次ぐ破綻の背景となっている。

　一方，高度成長，金利の自由化，バブルやデフレなどの経済状況，そして顧客ニーズの変化やITの進展など銀行の外部環境に対して，銀行管理会計の目的や仕組みも同時並行的に変化してきた。しかし，これまで「銀行経営は横並び」といわれていたように，外部環境に対しては自ら戦略を立てて，それにあわせて自行の管理会計の仕組みを変化させてきたとは言い切れない。銀行の場合には，自らというよりも金融当局による指導・監督や，株主または顧客によるコーポレート・ガバナンスの影響によって，銀行管理会計の仕組みが変化したということもあるのではないかと思われる。

　本章では銀行に対するコーポレート・ガバナンスの変化を歴史的に整理し，それにあわせて銀行管理会計の仕組みがどのように影響を受けてきたのかを検討する。それによって，銀行におけるコーポレート・ガバナンスの銀行管理会

計への影響メカニズムをまとめることとしたい。

5.1 銀行に対するコーポレート・ガバナンスの捉え方

(1) コーポレート・ガバナンスの定義

　欧米では株主重視のコーポレート・ガバナンスが中心的な考え方であったが，最近の日本型コーポレート・ガバナンスの考え方として，稲上（2000）の多元主義ステークホルダーモデルや吉森（2000）の多元的企業概念があらわれた。多元主義とは，株主だけということではなくステークホルダー（利害関係者）によるコーポレート・ガバナンスのことである。それに対して伊丹（2000）は従業員によるコーポレート・ガバナンスが日本型ガバナンスの特徴であると主張する。以上のとおり，コーポレート・ガバナンスと一口にいっても，それぞれの価値観で議論が行われてきた。

　一方，コーポレート・ガバナンスに関する基本的な定義として，次の2つの観点がある（伊丹，2000；土屋・岡本，2003；大柳，2004）。

　ひとつは，「企業の主権者あるいは所有者は誰なのか」という観点からのアプローチである。これには，アメリカ型の経営者と株主の関係を中心とした株主のための経営監視の方法論や，伊丹（2000）のいう従業員主権，すなわち人本主義の議論などがある。

　いまひとつは，「企業はいかなるステークホルダーに対して経営責任があり，そのためにはどのように経営されるべきかを考える仕組み」という観点からのアプローチである。ステークホルダーの中には当然株主や従業員も入る。企業にどのような仕組みがあれば，重視するステークホルダーの満足する企業経営ができるかをチェックするということである。伊丹（2000）によれば，前者を"コーポレート・ガバナンスの主権論"，後者を"コーポレート・ガバナンスのメカニズム論"として捉えている。

　本章では，後者のメカニズム論にしたがったコーポレート・ガバナンスの立場で，銀行管理会計との関係性を検討する。

（2）銀行に対するコーポレート・ガバナンス

　銀行に対するコーポレート・ガバナンスのメカニズムをあきらかにするために，宮本（2004, p. 293）のガバナンス・モデルの表記方法をもとにして，銀行に対する代表的なステークホルダーを次の観点から分析し，図5-1のように一般化モデルとして表現する[1]。

　銀行の「株主」は，バブル前までは日本特有の株式持ち合い構造のため物言わぬ株主がほとんどで，十分なガバナンス関係が築けていたとはいえなかった。しかし，外国人株主や機関投資家が増えたことや，持ち合い株への時価会計導入などによって，最近では銀行に対する株主によるコーポレート・ガバナンスも機能するようになった（図5-1［S→B］）。

　次に，貸出による債務者でもあり預金による債権者でもある「顧客」は銀行にとって重要なステークホルダーである（図5-1［C→B］）。2005年4月のペイオフ解禁によって預金者の銀行選別の意識は従来よりも高まっており，今後より一層重要なステークホルダーになると予想される。

　ただし，宮本（2004）によれば，バブル崩壊まで金融当局によって銀行は状態依存型ガバナンス[2]を受けており，そのために銀行側にガバナンスのモラルハザードが発生し，実質的に顧客のガバナンスはこれまで十分に機能しなかったとされる。これまでの銀行の歴史においては，顧客が直接的に銀行をガバナ

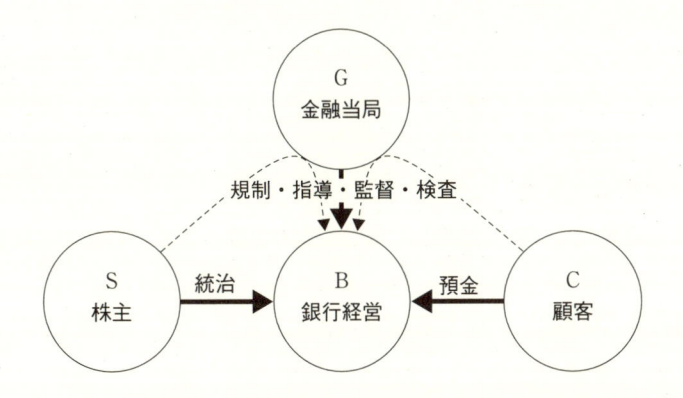

図5-1　銀行のコーポレート・ガバナンス一般化モデル

ンスするというよりも，金融当局が顧客の声を代弁する形で銀行を指導し監督してきたと考えることができる[3]（図5-1 [C→G→B]）。

このように，日本の銀行の場合には護送船団行政といった形で金融当局の規制や監督による銀行経営の規律づけが存在した。意図としては，間接金融中心の日本における戦後経済の復興と安定化，そして活性化であり，一般の業界規制とくらべて経営指導色の強いものであった。銀行と金融当局の関係は，利害関係というよりも，護送船団行政によって日本経済安定化目的の社会的責任を金融当局が銀行に担わせる関係とみることができる。

それはつまり，戦後の復興から高度成長期の銀行には，後述するとおり株主や市場によるガバナンスが十分に機能しなかった代わりに，「金融当局」が銀行経営を指導・監督することで銀行のコーポレート・ガバナンスが機能していたと考えることができる（図5-1 [S→G→B]）。

5.2 銀行管理会計とコーポレート・ガバナンスの変化

図5-1の銀行のコーポレート・ガバナンス一般化モデルをもとに，歴史を追って銀行に対するコーポレート・ガバナンスの変化と銀行管理会計の関係性を検討してみよう。前章までに銀行経営に相当なインパクトをもたらしたと考えられるイベントで区分された時代ごとに銀行管理会計の歴史を検討してきたが，コーポレート・ガバナンスの状況もその時代区分で検討する。

① 1873年（明治6）の澁澤栄一による第一国立銀行[4]設立から1928年（昭和3）の銀行法施行を経て第二次世界大戦終結までの"銀行業のはじまりから戦時体制まで"
② 戦後復興の1947年（昭和22）臨時金利調整法の公布・施行から高度成長期を経て1980年代後半のバブル経済までの"護送船団行政時代"
③ 1991年（平成3）バブル崩壊[5]から現代までの"バブル崩壊後の時代"

（1）銀行業のはじまりから戦時体制まで

　1873年の渋澤栄一による第一国立銀行や，三井銀行（現 三井住友銀行）・三菱銀行（現 三菱東京UFJ銀行）・安田銀行（現 みずほ銀行）・住友銀行（現 三井住友銀行）などの財閥系銀行から業務が開始され，そののち一般の私立銀行の設立が相当数あった[6]。しかし，第一次世界大戦後の1920年戦後恐慌で多くの破綻銀行が続出し[7]，さらに昭和に入ってからは1927年の金融恐慌と1929年の世界恐慌に端を発する1930年の昭和恐慌によってそれらの銀行数は激減していく[8]。

　当時の銀行には，第2章で検討した三井銀行のようにある程度経営基盤のしっかりした銀行だけでなく，特定の企業と強く癒着し，地方の地主が金貸し的に行う小規模の銀行が数多くあった。三井銀行のような財閥グループに属する経営基盤のしっかりした銀行とその他の小規模の私立銀行とでは，コーポレート・ガバナンスの内容のレベルに違いがあったと思われる。まず，財閥グループに属する私立銀行におけるコーポレート・ガバナンスの状況について検討しよう。

　三井銀行においては，1928年の銀行法施行以前[9]から貸借対照表や損益計算書の作成が行われていた[10]。それは，銀行経営の状況を銀行経営者（エージェント）から財閥などの大口の資本家（プリンシパル）へ報告させる「エージェンシー理論」によるコーポレート・ガバナンスのメカニズムと考えられる。このような財閥グループなどの資本家による銀行経営へのガバナンスに対して，金融当局や顧客によるガバナンスは当時まだ十分には機能していなかったのではないかと考えられる。その関係について，図5-1をもとに当時の銀行に対するガバナンス・メカニズムとしてあらわすと，図5-2のとおりとなる。すなわち，三井銀行などのように財閥グループに属する私立銀行では当時すでにエージェンシー理論にもとづく［S→B］のガバナンス関係が存在したと考えられる。

　一方，財閥系以外の小規模の私立銀行におけるコーポレート・ガバナンスの状況についてはどうであったか。財閥系以外の小規模な私立銀行では，出資を

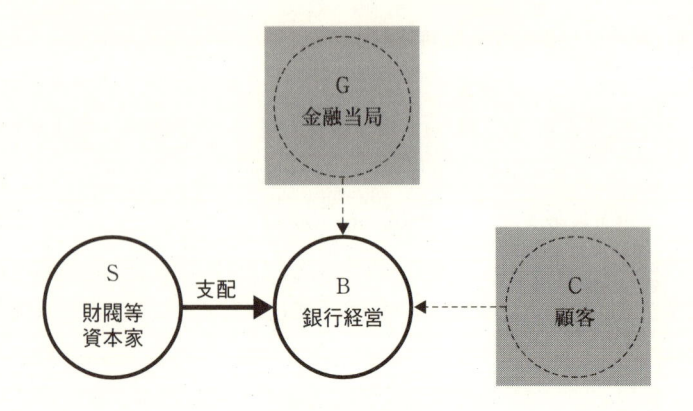

```
        G
      金融当局


   S      支配      B            C
  財閥等   ───→   銀行経営  ←---  顧客
  資本家
```

図5-2　財閥グループに属する私立銀行のガバナンス・メカニズム

している資本家の経営する企業の資金繰りのためにその銀行経営を行っているようなところも多かったようである。さらに，1928年の銀行法施行までは銀行経営者に他の事業との兼営を認めていたため，資本家は他の事業会社と銀行経営を兼ねている場合も多く，そういった銀行では十分なコーポレート・ガバナンスは育たなかった。そのため，今では考えられないような多くの銀行の経営破綻を引き起こしたのではないかと推察される。財閥系以外の私立銀行のガバナンス状況について，図5-2でいえば［S→B］のガバナンス関係は存在せずに，逆に［S＝B］といった両者一体の銀行もあったのではないかと思われる。

　以上のようなコーポレート・ガバナンスの状況と，当時の銀行管理会計の状況には次のような関係があったと考えられる。第2章で分析したように，三井銀行では銀行管理会計の体系はないが管理会計的な技法によって管理がなされていた。三井銀行で支店廃止を意思決定するために支店別利益が使われた点を第2章であきらかにしたが，それも銀行経営者側で支店廃止にあたって支店別利益などの意思決定のためのエビデンス情報を財閥側である三井家へ報告して，最終的に決定（決裁）されたのではないかと推察される。

　次に，銀行で管理会計が意識されはじめたと思われる1928年銀行法施行以降

のコーポレート・ガバナンスの状況を整理し検討してみよう。

　1928年に銀行法が施行されると銀行経営者は兼営を禁止され，営業報告を厳正にするなど，金融当局は，当時の銀行経営に銀行法といった形で踏み込んだ。それまで，銀行が相当安易に設立されたために，経営不振の噂のある銀行に対する取り付け騒ぎなどが数多く発生し金融不安が蔓延した。その反省から大蔵省は，信用秩序の回復と経済の安定化のために銀行業務を指導・監督することで銀行経営をガバナンスしようとしたと考えられる。1936年の一県一行主義や戦時体制も同様に，政府による銀行へのガバナンスと考えることができる。

　単なる規制ではコーポレート・ガバナンスではないが，銀行の場合には日本経済安定化のための間接金融としての社会的インフラストラクチャーとしての責任を果たすように，実質的に政府や金融当局は銀行経営を細かく指導し，その経営状況を管理し報告させようとしたのである。とくに銀行法によって，銀行設立が免許制になったことと銀行はその業務の状況を大蔵省へ報告する義務を負ったことから，銀行と大蔵省の間にエージェンシー理論によるコーポレート・ガバナンスのメカニズムが発生した。さらに，戦時体制になるにつれて銀行は政府の統治管轄になっていったことから実質的には政府（行政）によるガバナンスがあったと考えられる。

　そういったことから，銀行法施行から戦後復興期までの期間においては，これまでの株主である資本家によるガバナンスに加えて，国内の信用秩序の回復と経済安定化を意図した"大蔵省による銀行のコーポレート・ガバナンス"があったと考えることができる。図5－1でいえば，1928年以降［G→B］のガバナンス関係が強化され，図5－3のようなコーポレート・ガバナンス・メカニズムになったと思われる。

　銀行法の施行後は，貸借対照表，損益計算書，営業報告書，剰余金処分計算書に分けたうえで，さらに報告書に記載すべき勘定科目の営業内容をあきらかにすることが義務づけられ，その結果，損益を合理的に分析し根拠を説明する必要が生じた。そのため，当時でも一般には製造業で行われる原価計算を銀行

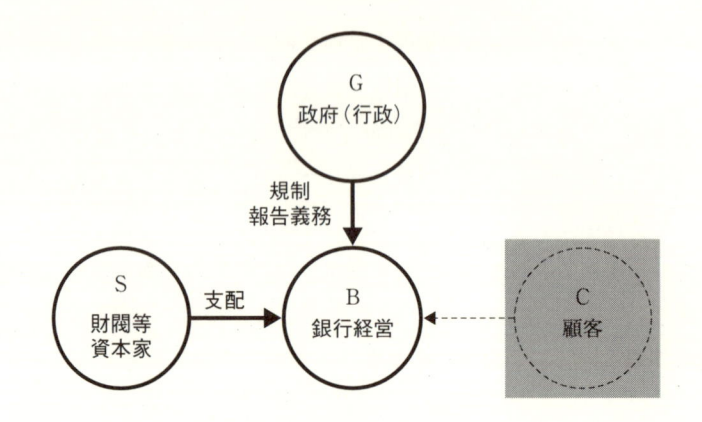

図5-3　銀行法施行後から戦時体制までの銀行ガバナンス・メカニズム

業へ適用することが考えられた[11]のである。それが，銀行業における管理会計適用の最初であったと考えられる。

　当時の原価計算はおもに預金の支払利息を預金種別に計算するために行われた（加藤，1930）ことから，筆者は銀行法で義務づけられた営業報告書の計算根拠として原価計算が必要だと考えられたと推察する。日本ではじめて銀行の原価計算に関する研究書が発刊されたのは，1926年大阪銀行集会所の懸賞入選文集である（加藤，1930）といわれている。また，1930年前後には太田（1933）によって理論的に研究され，岩垂（1936）らによって銀行実務の見地から検討が行われた。こういった1928年前後に銀行原価計算の研究や実務適用が相次いだことから推察して，銀行業において原価計算が適用されたのは1928年の銀行法適用が大きな影響要因となっていると考えられる。

　以上のとおり，当時の政府や金融当局は経済の安定化と信用秩序回復を目的として，銀行法を制定することにより銀行経営を統治したと考えられる。銀行の経営者は兼業を禁止され，貸借対照表だけでなく損益計算書と営業報告書での定期的な報告が義務づけられた。銀行はこれまで株主である資本家によるガバナンスのみであったが，それに加えて銀行法によって金融当局の信用秩序の回復と経済安定化の意向をもったガバナンスにしたがって経営することとなっ

た。銀行管理会計への影響としては，金融当局の意向にしたがった損益の合理的な報告を行うために預金種別での利息計算に原価計算適用が試みられたことである。

　しかし，山高によれば当時の原価計算の適用状況について「(当時の原価計算は)[12]実際には2,3の店舗で試行した銀行があったくらいで，各銀行とも制度としてこれを実行するには至らなかった。これは各銀行が原価計算に無関心であったというより，応召・徴用などによる人手不足から実行不能におちいった」(山高,1964,p.13)と述べている。徐々に強化される戦時体制によって，銀行経営が統制されることも影響して，銀行に原価計算が十分に適用され機能したとはいえなった。つまり，当時は「銀行への原価計算適用の研究段階」であったといえる。

(2) 護送船団行政時代

　第二次世界大戦前後，大蔵省は規制，行政指導，および監督を強化して，銀行経営をコントロールすることによって戦後の日本経済の復興を果たしてきた。さらに，大蔵省は，銀行経営の状況について銀行を個別に検査することでチェックしてきた[13]。とくに，1950年代から70年代までの高度成長期における製造業などの旺盛な資金需要に対する資金供給を円滑にするために行った護送船団行政は銀行の収益向上と連携して非常にうまく機能した。

　大蔵省は銀行を一行たりとも潰さないとする意思で銀行経営を細かく指導し状況を報告させ監督してきたが，それは日本全体の信用秩序の維持と経済成長安定化といった国家レベルの目的をもとに大蔵省による日本の銀行全体に対するガバナンスであったと考えることができる。つまり，護送船団行政は，大蔵省の日本の銀行全体に対するコーポレート・ガバナンス・システムのひとつと考えられる。

　護送船団行政下の銀行に対するガバナンス・メカニズムを図5-4に示す。このうち，第二次世界大戦後は，財閥の解体や徐々に証券市場が整備されることから，Sは資本家と限定せず株主とした。それは，高度成長期の日本の特

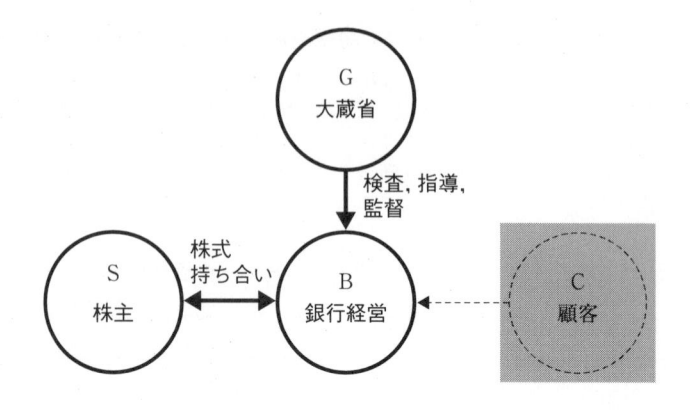

図5-4 護送船団行政下の銀行ガバナンス・メカニズム

徴である株式持ち合いとの関係が強いので，ガバナンスの向きは双方と考えて矢印は両方向とした。

次に，当時の大蔵省による護送船団行政のガバナンスによって，銀行管理会計は次の2つの影響を受けた。

第1に，大蔵省は資金供給円滑化を銀行機能の目的として預金や貸出金の金額の量で管理[14]したために，銀行管理会計は本支店勘定利息制度による資金量の振替とそれによる評価が中心であった（諸井・米田，1978）。その結果，各銀行は資金量のみを追い求め，最終的にはバブル期に信用リスクの高い貸出を実行してしまうことになり，バブル崩壊後に膨大な不良債権だけが残ることとなった。当時の大蔵省のコーポレート・ガバナンスは，正常債権か不良債権なのかの区別をすることよりも資金量の絶対額のみ統治するものであった。そのため，各銀行は，大蔵省にしたがって単純な資金量のみを管理する（すなわち残高管理主体の）銀行管理会計を行ったものと考えられる。

第2に，護送船団行政で行われた預金金利規制[15]が影響して，各銀行は顧客ごとにリスクに見合う適正金利の設定まではあまり考えなかった[16]。すなわち，護送船団行政によって，銀行は顧客の満足度や株主価値をそれほど意識しないで済む経営になったのではないかと思われる。また，株式持ち合いのため

に，株主によるガバナンスが現在にくらべて十分に機能しなかったのではないかと思われる。当時の銀行が重視するステークホルダーは，株主，従業員または預金を行う顧客よりも，大蔵省と考えるところもあったのではないかと推測される。そのため，顧客にとってはどこの銀行も同じサービスであり，株主にとってはどこの銀行もあまり代わり映えのしない経営戦略，すなわち横並び経営となった。その結果，銀行管理会計は大蔵省の意向を優先する体系となった。

1956年大蔵省銀行局長通牒[17]によって銀行に対する支店の独立採算制と原価計算の推奨があったとされる（山高，1964，p. 12）。当時の銀行管理会計は，大蔵省銀行局通牒の翌年（1957年）に，富士銀行（現 みずほ銀行）（矢本，1957）より『銀行管理会計』，1964年には東海銀行（現 三菱東京UFJ銀行）（山高，1964）より『銀行の原価計算』が相次いで刊行された。また，同様にその他の三井銀行や住友銀行などの都市銀行を中心として原価計算システムがブームのように構築された。

以上のことから，筆者は当時の銀行では顧客や株主を意識した独自の経営戦略にあわせて銀行管理会計が高度化されたというよりも，大蔵省の通牒や勧奨といった経営指導的なガバナンスが銀行管理会計の仕組みに影響を与えたと推察する。つまり，当時の銀行管理会計は市場や株主に対するよりも，経営指導にしたがうことを重視するために，銀行内の組織別管理を目的とする支店別業績管理の構築が中心となったのではないかと考えられる。

(3) バブル崩壊後の時代

株価暴落に続いて地価の急落がはじまり，1991年ついにバブルが崩壊した。同時に，大蔵省[18]による護送船団行政は実質的に崩壊した。銀行に対するコーポレート・ガバナンスはアメリカ型の市場あるいは株主重視へと変化していった。同時に，株式持ち合いが企業経営の不透明感を高めているとして，2002年3月に持ち合い株への時価会計導入によって持ち合い構造は解消され，外国資本の比率も高くなっている。その結果，株主と銀行経営者との間で，少なから

ず緊張感のあるガバナンス関係が構築されてきたと考えられる。図5-1でいえば，［S→B］のガバナンス関係が強化されたのである。

また，1988年12月には海外に営業拠点を有する銀行については，バーゼルの合意（BIS基準）にもとづく自己資本比率規制[19]が定められた。その結果，銀行は国際的な市場のガバナンスを受けることになった。国内では，1998年4月には早期是正措置制度が導入され，海外に営業拠点を有しない銀行についても国際統一基準を援用したリスクアセット方式による自己資本比率規制の適用を行うこととなった。BIS基準や国内の自己資本比率は単に規制と捉えられなくもないが，実はその背後にある目的や意図は，銀行には国際的な決済機能を保つ社会的責任があるということなのであった。

以上のことから，銀行は「市場からのコーポレート・ガバナンス」を意識するようになったといえる。図5-1でいえば，金融当局が市場と銀行の間に入って指導・監督する［G→B］ガバナンス関係の発展形である。

さらに，2003年3月27日には金融庁より『リレーションシップバンキングの機能強化に向けて』（金融庁金融審議会，2003）[20]が発行された。リレーションシップバンキングの機能強化の内容は，一言でいえば，地域金融機関は「顧客や地域社会とともに共生する金融機関経営をすべき」としたもので，そのアクションプランを各銀行に提出させ，2005年3月末を期限としてその実行の進捗度合いを金融庁がモニタリングするものであった。民間銀行に対して金融庁からの強制力は相当に大きく[21]，このリレーションシップバンキングの機能強化は金融庁がとくに地域金融機関のビジネスモデルを提示し，その経営状況を管理するものである。株主や預金者である地域の顧客[22]，そして地域の取引先などあらゆるステークホルダーを重視して経営することを求めている。そのことから金融庁は，地域金融機関にステークホルダー重視の経営を求めるコーポレート・ガバナンス・メカニズムを提示したと考えることができる。

以上のとおり，1990年代以降の銀行は，護送船団行政の終焉と同時に，株主のガバナンスや，国際的な銀行の健全化指標であるBIS基準にもとづく早期是正措置による金融当局のガバナンス，さらに，預金者や地域社会からのガバ

第5章 銀行管理会計とコーポレート・ガバナンス　105

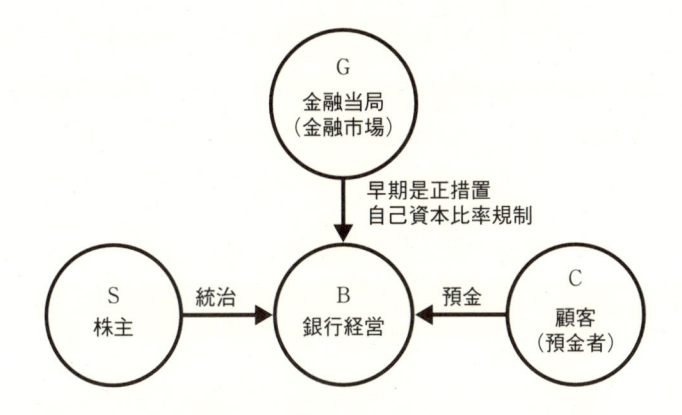

図5-5　バブル崩壊後から現在までの銀行ガバナンス・メカニズム

ナンスがある程度機能するようになった。バブル崩壊後から現在までのコーポレート・ガバナンス・メカニズムをモデル化すれば，図5-5のとおりとなる。

　図5-5のように，バブル崩壊後現状の銀行が重視すべきステークホルダーは，株主，顧客，そして金融当局の3者となったとみることができる。それらを満足させるための銀行管理会計はどうあるべきかといった観点では，収益性と健全性の調和が求められた。すなわち，リスク量を適正に管理し，そのリスクに見合う収益があげられているか，リスクは銀行の体力（自己資本）を超えていないかといった観点で経営することが求められた。

　具体的には，銀行管理会計に信用リスク，市場リスク，オペレーショナル・リスク[23]などリスク量が加味されてパフォーマンス評価しなければならなくなった。たとえば，顧客別の収益性をみる場合に，従来は当該顧客の利息や手数料による資金収益から顧客別原価を差し引くだけであったが，1990年代後半より都市銀行を中心として，そこからさらに当該顧客の信用リスク（デフォルト[24]による予想損失額）を差し引くことでリスク見合いの顧客別収益性を評価するようになった。また，国際的なBIS規制に応えるためにも銀行は自己資本比率を上げるように経営を行っていかなければならなくなり，1998年の早期是正措置からは，海外拠点を有しない銀行も自己資本比率4％を超えなけれ

表5-1 さくら銀行のリスク調整後収益性分析経営 (単位：億円)

部門	11/3期 業務粗利益	経費	経費控除後利益	統合ROE	12/3期 業務粗利益	経費	経費控除後利益	統合ROE
国内営業	5,278	3,335	1,943	0.1%	5,782	3,181	2,601	12.5%
海外営業	261	281	△20	△6.9%	272	194	78	2.0%
投資銀行	501	204	297	5.7%	258	174	84	1.4%
財務	1,418	22	1,396	20.9%	1,157	24	1,133	15.9%
その他部門	△467	408	△875	△12.7%	△357	405	△762	△9.7%
合計	6,991	4,250	2,741	1.9%	7,112	3,978	3,134	5.6%

(出所) さくら銀行 (2000, p.36)

ば，銀行業務の停止となる[25]ことから，最も重要な経営指標にせざるをえない状況となっている。

たとえば，表5-1に示す2000年のさくら銀行ディスクロージャー資料からあきらかである。表5-1では，部門ごとに収益（表中では業務粗利益）から原価（表中では経費）を差し引いて利益（表中では経費控除後利益）を算出し，さらに，列表示はないが信用コストを差し引き，割当資本で除したものがRAROC（表中では統合ROE）となっている。また，このようにディスクロージャー誌や経営健全化計画に銀行管理会計の数値が利用されて，その情報をもって，市場や株主が監視を行う構図となっていることも読み取れる。すなわち，銀行管理会計の結果は，財務報告ではない外部報告に利用され，その結果をもってガバナンスされる構図となっているのである。

また，顧客と地域社会を満足させる戦略を実行すべく，一部の銀行では顧客ごとの収益性をより精緻にみるためのABC（Activity-Based Costing；活動基準原価計算）を導入し，さらに，あらゆるステークホルダーを重視した戦略を実行するためにBSC（Balanced Scorecard；バランスト・スコアカード）を導入している。

ABCは，あさひ銀行（現 りそな銀行）やさくら銀行（現 三井住友銀行）などメガバンクから導入が進み（櫻井編，2000）[26]，最近では地方銀行や信用金庫などの地域金融機関での導入が活発である。それは，ABCがリレーショ

ンシップバンキングの機能強化実現のために次の点で有効とされるからである。

地域金融機関は，地元の顧客や地域社会とともに共存しなければならないが，一方で信用コストをいかに低減させるかが課題となる。しかし，地域金融機関は訪問回数や時間を増やすなどして顧客の生の信用情報を取り込むことで，全国展開を行うメガバンクなどよりも情報の非対称性をなくすことができる。つまり，地域金融機関は適正な「営業コスト」をかけることによって「信用コスト」が補えるのである。そのためには，ABCによって顧客ごとの適正な原価が把握される必要がある。

また，BSCは，鹿児島銀行，スルガ銀行，近畿労働金庫などの地域金融機関で経営管理に導入されている[27]。BSCによれば，ステークホルダーを意識した経営が行えるとの考えにもとづくもので，このリレーションシップバンキングの機能強化の影響があると考えられる。

しかしながら，銀行によってその受け止め方には温度差がある[28]ことも事実である。銀行戦略のレベルでリレーションシップバンキングの機能強化を行う銀行は，BSCを適用することで戦略の実行と非財務的な指標も目標にする多面的な評価を推進する。一方で，各営業担当者に「目利き養成研修」を受けさせることでリレーションシップバンキングの機能強化を実践しているとする銀行もある。本来の金融庁の意図する「地域の中小企業への金融の円滑化と地域経済の活性化」のためには，行員の研修による人材の育成も含む銀行全体の戦略レベルでの機能強化が求められている。そのためには，BSCなどの銀行管理会計の果たす役割は非常に大きいと考えられる。

5.3 銀行管理会計へのガバナンスの影響メカニズム

一般的には，市場の状況，政治経済，または社会環境などの外部環境の変化は，企業内の戦略を変化させ，その戦略を含む管理会計が結果として変化するものと考えることができる。ところが，日本の銀行は，外部環境の変化に対し

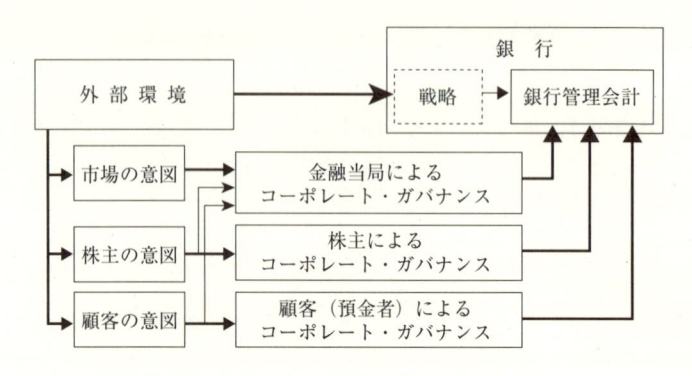

図5-6　銀行管理会計に与える外部影響メカニズム

て自ら戦略を策定してきたというよりも，市場，株主，および顧客（預金者）によるコーポレート・ガバナンスが，銀行管理会計の変化に影響を与えたと考えることができる。ただし，これまで歴史をみてきたように，銀行の場合には護送船団行政などの金融当局の監督や指導が，ステークホルダーのコーポレート・ガバナンスを代弁する，もしくは，監督，指導，検査の形で銀行へ徹底されることに注意しなければならない。

　図5-6にあるとおり，銀行の場合には，外部環境の変化が直接的に銀行の戦略と管理会計を変化させるというよりも，変化する外部環境に対するステークホルダーの目的や意図がコーポレート・ガバナンスと金融当局による監督や指導によって，直接または間接的に銀行管理会計に影響すると考えられる。

おわりに

　本章では，銀行管理会計とコーポレート・ガバナンスの関係性について検討した結果，次の3点が研究上のインプリケーションとして指摘できる。
　第1に，銀行管理会計の変化は，外部環境の変化に対するステークホルダーの意図がコーポレート・ガバナンスのメカニズムによって影響される。とくに，日本経済の活性化と国際的な決済市場の安定化に対する社会的責任は，他

の産業にはない銀行特有のものであり，金融当局の監督，指導，検査が実質的に金融当局のガバナンス・メカニズムとして銀行管理会計の変化に影響を与えた。

第2に，銀行管理会計は，IR，ディスクロージャー誌，さらに経営健全化計画などの"財務諸表ではない企業外への報告"に利用され，それが逆にコーポレート・ガバナンスの対象となっていった。その結果，銀行管理会計はコーポレート・ガバナンスのメカニズムに組み込まれたと考えられる。

第3に，2003年以降，とくに銀行に対するコーポレート・ガバナンスは，ステークホルダーとして株主や顧客が意識されてきており，そのための銀行管理会計の仕組みとしてABCやBSCが一部の銀行で適用されている。各銀行は企業価値の向上に向けて，今後より一層ステークホルダーを重視したコーポレート・ガバナンスに傾斜していくものと考えられる。

しかし，以上のとおり歴史的に銀行のガバナンス・メカニズムをみてきたなかで，いまだ伊丹（2000）のいう従業員によるガバナンスが銀行に見受けられないことが，今後のポイントであると考えている。大手のほとんどの銀行では，成果主義型人事評価を導入しているが，行員のモチベーションが上がったというよりも，リストラ目的の声のほうが多いように思う。筆者は，今後の銀行管理会計変化の要因のひとつとして，「従業員」である行員によるコーポレート・ガバナンスが鍵を握るのではないかと推察しているが，考えすぎであろうか。

続いて第Ⅱ部では，実際のケーススタディを参考にしながら，現状の銀行管理会計技法の変化を具体的に検討する。

注
1）本章では銀行内部の管理会計に対するコーポレート・ガバナンスの影響をみる観点から，取締役会と経営陣は銀行経営に含み，銀行外部からのコーポレート・ガバナンスをモデル化することとした。また，図5-1の矢印はコーポレート・ガバナンスの影響をより明確にモデル化するために，企業統治を行う向きで表現している。

2）状態依存型ガバナンスとは，事前のモニタリングや中間のモニタリングがなされても，経営の介入という意味でのガバナンスが行使されることはなく，経営危機においてガバナンスが行使されることをいう（宮本，2004，p. 257）。

3）最近の事例としては，以下の金融庁ホームページで受け付けている中小企業の貸し渋り相談「貸し渋り・貸し剥がしホットライン」などがある。http://www.fsa.go.jp/notice/noticej/hotline.html（2004/11/07）

4）日本銀行ホームページ http://www.imes.boj.or.jp/cm/htmls/history_23.htm（2005/09/01）によれば，「産業の活発化により銀行設立の必要性が高まると，政府はアメリカのナショナル・バンク制度にならった国立銀行を設立した。和訳により『国立銀行』となっているが，国営銀行ではなく民間銀行である。アメリカのナショナル・バンク制度をモデルとしている。国営の意味ではなく株式会社である」とされている。ナショナル・バンクとは，政府紙幣の回収と殖産興業資金の供給を目的とする銀行のことである。

5）日経平均株価は1989年12月末に38,915円，地価は1991年にピークに達した。その後，株価は1990年9月に暴落し，地価は1991年のピーク以降下がりつづけた。本章におけるバブル崩壊の時期については，銀行は土地の担保への影響が最も大きいものであったと考えられることから地価暴落の1991年とした。

6）1912年（大正元）には銀行全体で2,152行（加藤・秋谷，2000，p. 67）に達し，1925年末には都市銀行17行，地方銀行1520行あった（石井・杉山，2001，p. 17）。

7）石井・杉山（2001，pp. 5-7）。

8）1935年（昭和10）末には，都市銀行11行，地方銀行455行となった（石井・杉山，2001，p. 17）。

9）1893年の銀行条例によって「銀行は大蔵大臣に半期ごとに業務報告を送付し，財産目録，貸借対照表を公表するなどの義務を負うとして業務の監督を規定」（加藤・秋谷，2000，p. 78）とあり，その当時から一部の財務報告が義務付けられていたとみることもできる。しかし，1928年の銀行法によって「銀行法施行細則を定め，従来の業務報告書を営業報告書，貸借対照表，損益計算書，剰余金処分計算書に分けた」（加藤・秋谷，2000，p. 186）ことから，その時点から銀行の損益すなわち業績の形で金融当局への報告が明確化されたとみる。

10）財閥系銀行の代表である三井銀行では，1909年（明治42）より，貸借対照表，損益計算書，営業報告書が記録されている（三井銀行，1978c）。

11）1933年に刊行された太田（1933）の『金融業会計』では，銀行業への原価計算の適用の背景は次のようなものであったとされた。「事業経営が計算的合理性を根拠とするにともない，損益の各科目の分析研究が行われ，終局には原価計算制度の成立にまで発展するのは当然である。競争が激甚となり，顧客に対する奉仕が累加するにつれて，その適用の範囲は増加しつつあり，従来必要なきものと考えられた事

第5章　銀行管理会計とコーポレート・ガバナンス

業に対してもこれを利用することが推奨されるに至った。銀行原価計算もまたその一方面である」（太田，1933，p.251）。

12) 括弧内は筆者補記。
13) MOF（Minister of Finance）検査のことである。現在では，金融庁（旧　大蔵省）によって早期是正措置の観点で検査が行われている（金融庁，2003）。
14) 預金量，融資量による規制。
15) 1947年12月，臨時金利調整法公布・施行により，大蔵大臣の発議によって日銀総裁が金利調整委員会に諮って預貸利子率の最高限度を定めることになった（玉置，1994，p.241）。
16) 貸出金利は，プライムレート（信用度が高く優遇する企業に対して銀行が資金を貸し出す際の金利）を基準に企業の取引規模・取引内容・業績などを勘案した金融機関の儲けを上乗せして決められていた。
17) 大蔵省通牒（昭31.3.6　蔵銀第333号）原文では，「1-(1)-(ロ)（中略）不採算，非能率店舗の廃止または支店の出張所への変更を積極的に行うことが必要である。……（中略）……1-(3) 資金吸収形態の多様化，複雑化を排しできるだけその単純化，簡素化を図るためにも，この際，資金吸収形態別，たとえば，定期預金，普通預金，定期積金，当座預金，金銭信託ごとの個別計算を行い，その採算状況を検討することが必要である」（大蔵省銀行局，1958，p.81）となっている。
18) 大蔵省は，2000年7月に金融庁となっている。もともと金融監督庁と大蔵省の金融企画局が合体して金融庁ができあがった。銀行，証券，保険，信用組合など金融機関に関係する金融行政一般に携わる。金融庁の機能は，大きく次の3点がある。①金融機関を検査・監督する，②金融制度に関する法律の企画立案，③銀行免許交付や公的資金投入の決定，である。
19) 国際決済銀行（Bank for International Settlements；BIS）の銀行規制監督委員会（バーゼル委員会；現在の銀行監督委員会）が提出した「自己資本の測定と基準に関する国際的統一化」と題する報告書のことである。この報告書には，信用リスクに対する自己資本充実度の測定に関し合意されたフレームワークの詳細および達成すべき最低基準が示されており，当該委員会メンバーである各国監督当局は，これらフレームワークと最低基準をそれぞれの国で実施していくことで合意した（吉田ほか，2003）。1996年1月には，BIS銀行規制監督委員会はマーケット・リスク規制を公表した。
20) リレーションシップバンキングとは，金融機関が顧客との間で親密な関係を長く維持することにより顧客に関する情報を蓄積し，この情報をもとに貸出等の金融サービスの提供を行うことで展開するビジネスモデルを指す。金融審議会では，地域の中小企業への金融の円滑化と地域経済の活性化を目的として「リレーションシップバンキングの機能強化に向けて」を発行した。

21) 足利銀行，りそな銀行，三菱東京 UFJ 銀行に対する金融庁の対応を見ても分かるとおり，金融庁は実質的に銀行経営に対して指導的立場にある。
22) 銀行にとって預金は負債であり，預金は銀行の貸出のためのほとんどの原資を担っている。預金者は，銀行に対して預金をすることによって債権を有しており，銀行に対して資金提供していることと同じである。したがって，一般企業が銀行から借り入れることによってメーンバンクのコーポレート・ガバナンスを受けるのと同様に，銀行にとっては預金者から預金してもらうことによって，預金者からガバナンスを受ける。たとえば，大正時代に多く発生した預金の取り付け騒ぎによる中小の銀行の倒産は，まさに銀行が預金者からコーポレート・ガバナンスを受けている結果であるといえよう。
23) オペレーショナルリスクとは，狭義には，①事務ミス，システム障害等により，損失を被るリスクを指し，広義には，②従業員の不正，コンプライアンス体制の不備，災害等により業務が中断して被る損失，それらに伴う評判の低下，訴訟等を受けるリスクのことを指す。
24) デフォルトとは，貸付金について，元本は確保されるが利息は支払われないか，元本の一部だけしか確保されないか，または元本も利息もすべて支払われない状態など債務の利息や元本が契約どおりに支払われないことで，債務不履行ともいう。
25) 2003年5月17日，りそな銀行は繰延べ税金資産の評価相違のために，国内基準の自己資本比率4％を満足できなくなり，実質国有化されることになった。
26) 2004年に改訂版が発表されている（櫻井編，2004）。
27) 2003年6月5日 SAS ジャパンのセミナーでスルガ銀行取締役によって同行への BSC 導入が報告された。2003年7月30日日経金融新聞で鹿児島銀行の BSC 導入に関する記事が紹介されている。さらに，近畿労働金庫でもすでに BSC が導入されている（櫻井，2003）。
28) 統治する側には目的や意図があるが，被統治側の受け止め方には温度差がある点について，第30回日本原価計算研究学会全国大会（2004年10月）における自由論題報告にて司会の小林啓孝教授の貴重なご指摘が参考になっている。ここにあらためて感謝の意を表したい。

第Ⅱ部

銀行管理会計の課題と展望

第6章 ▶ 銀行の原価計算

はじめに

　銀行は，バブル崩壊後未曾有の危機に直面している。デフレ経済と低金利環境の二重のマイナス要因によって，バブル崩壊にともなう不良債権を処理するための収益が十分に確保できないまま，さらに不良債権が増加するといった悪循環に陥っている。過去，銀行はメーンバンクとして企業を育てる重要な役割を担ってきた。資金提供者，財務アドバイザー，そしてコーポレート・ガバナンスの役割を担ってきた。しかし，バブル期に各銀行は担保至上主義に走り，企業価値が実質的にともなわない企業に取引を集中していった。その結果，銀行側は企業を見極める自信と能力を失い，企業側からは銀行離れが進行し，メーンバンクとしての信頼関係は実質的に破綻した。
　バブル期には短期的な収益をあげさえすれば良い業績評価を得ることができた。その結果，貸出残高の拡大を戦略のトップに掲げ営業に邁進したわけであるが，バブルが崩壊すると同時に最悪の経営状態となってしまった。これは，貸出残高だけで管理され，投資価値や将来的な収益状況が不明なまま，その成果と責任も一層わからなくなったからである。そのような環境下での採算把握と投資意思決定に不可欠な原価計算の実施状況はどうであったのか。
　本章では，銀行の原価計算について，バブル前後の状況と問題点を検討する。そのうえで，今後の銀行原価計算の方向性を考察していく。

6.1　銀行の伝統的原価計算

　加藤（1930）によれば，わが国ではじめて銀行の原価計算に関する研究書が

発刊されたのは，1926年（大正15）大阪銀行集会所の懸賞入選文集であるとされている。それ以来，昭和初期にかけておもに原価の配賦手順についての研究が進められてきた。内容的には非常に精緻に原価計算手続きを説明するものであった（加藤，1930，pp. 11-20；岩垂・芳野，1936）が，原価計算自体の手間とコストの問題や，精緻さの限界，収益とあわせて原価をみる必要性など，現在でもあらためて認識されている管理会計と原価計算に対する姿勢が見受けられる。しかし，銀行の原価計算は，「1956年の大蔵省通牒のなかで預金などの吸収形態別原価計算の実施が勧奨されたものの，実際には，2，3の店舗で試行した銀行があったくらい」（山高，1964，p. 12）で，1950年代までは原価計算制度として実行する段階には至らなかった。

1970年代から1980年代にかけて三井銀行（現 三井住友銀行）や住友銀行（現 三井住友銀行）など都市銀行や大手の地方銀行では，銀行の原価計算をブームのように構築した。当時の銀行原価計算の仕組みは，1957年の富士銀行（現 みずほ銀行）の原価計算（矢本，1957）や1964年の東海銀行（現 三菱東京UFJ銀行）事務管理部（山高，1964）のまとめた銀行原価計算の仕組みとほとんど同じであった。いまでは当時の原価計算の仕組みは伝統的原価計算と呼ばれ，その目的はあくまで財務会計のためではなく管理会計のための原価計算の必要性が認識されたものであった。

銀行の伝統的原価計算によって，銀行経営管理上では支店別原価計算と顧客別原価計算が構築された。そこで，銀行原価計算における支店別原価計算と顧客別原価計算の具体的な内容と経営管理上の問題点を整理する。

（1）伝統的な支店別原価計算の内容と問題点

1956年の大蔵省の銀行に対する通牒以来，ほとんどの銀行で支店別の独立採算制が実施されるようになったが，そのための管理会計技法として支店別の原価計算が適用された（東海銀行総合企画部編，1973，pp. 457-462；諸井・米田，1978，pp. 84-94）。当時実施された伝統的な支店別原価計算の内容と問題点についてまとめてみよう。

まず，独立採算制を行うにあたっての経営管理上の支店別原価計算目的には次の2つがあった。

　A) 支店別の業績評価目的
　B) 店舗戦略上の意思決定目的

　前者は国内営業部門内のランクづけの意味であり，後者は銀行全体の戦略として当該店の採算をみて拡大，縮小，廃止，および統合などを意思決定するための管理会計情報の提供である。

　支店別の業績評価目的における原価計算では，銀行全体の経費合計と無理に一致させようとはしない。それよりも支店ごとに賦課された原価が，各支店の収益をあげるためにどれだけかかったかが重要であり，支店別の原価としては，支店ごとの支払経費と，当該店の受益消費があきらかな共通経費（消耗品など）だけが対象になることが多い。

　人件費については，支店別の支払人件費実績をそのまま使う「実績人件費法」にするか，資格別の標準賃金を支店ごとの配置人員数に掛け算して当該店の人件費とする「モデル賃金法」にするかが選択され，現状は各行でまちまちの状況である。支店長には，部下にどういった資格の人を自分の支店に配属させるかまでは権限がなく，支店の必要人員数ぐらいしかコントロールできないということからモデル賃金法が採用されることが多い。同様の考え方で，固定資産の償却費や土地建物賃借料などについても，支店長には出店場所等の選択裁量権がないことから支店別業績評価には参入しない，つまり支店別原価のリソースとはしない銀行も多い。

　次に，伝統的な支店別原価計算の問題点を7点にまとめる。

① 支店別業績と銀行全体の財務会計数値の不一致

　銀行の業績評価目的での伝統的な支店別原価計算では，管理可能もしくは業績評価対象範囲内の必要最低限の原価のみで構成される場合，全支店分を合計したとしても銀行全体の原価（経費）とは一致しなくなる。すなわち，各支店が業績評価目的の最低限の原価をもとに業績が良いといったとしても，必ずし

も銀行全体としては業績が上がっているかどうかは分からない。支店に業績評価対象範囲の必要最低限の原価しか配賦しないため、その他の原価は「その他部門」のようなところにプールされてしまう。そのため、支店の行動と銀行全体の業績とがずれてしまう危険性がある。

② 店舗統合などによる勘定店番号変更の負荷過大

支店別原価計算では、勘定店番号をベースとした原価計算であることから起因する問題がある。勘定店単位で経費支出データをもとに支店別原価を集計する仕組みであるため、どうしても勘定店番号をもとに計算しなくてはならない。そのため、銀行合併などにともなう店舗統合の場合に、勘定系のデータやこれまで蓄積していた原価ファイルをすべて旧店番号から新店番号に変換しなくてはならない。勘定店番号がマスターキーとなっているために、システム変更負荷は非常に大きなものとなる。最近では店舗統合が頻繁に行われるため非常に煩雑な作業となっており、勘定処理とは直接関係のない原価計算システムの変更は後回しにされがちになる。

③ 勘定店番号をもたないチャネルの原価算定不可

コールセンター、インターネット、インストア・ブランチなどこれまでの有人の"支店"の概念を超えたいわゆるバーチャルなチャネルが登場してきた。店舗を構え何人もの人が配置される従来型の総勘定元帳をもつ支店だけが銀行のプロフィットセンターとはいえなくなった。

たとえば、コールセンターには元帳はなく、あくまで、勘定元帳をもつ支店の口座に対して支店間取引が行われるような存在である[1]。その場合のコールセンターの原価はどう考えればよいのか。ひとつはコールセンターとして一般の支店と同じく収益性を把握するため、コールセンターを管理会計上独立させて原価を把握する方法がある。しかし、伝統的な支店別原価計算では勘定店のみを対象とするために、コールセンターの原価は算出不可能である。

もうひとつの方法はコールセンターが取り次いだ支店に対して、コールセンターの原価を振替える方法であるが、これを実現するには、コールセンターで行うサービスの活動1回あたりの単位原価が必要になる。伝統的原価計算では

この計算は不可能であり，サービス単位原価の振替方法を実施するには ABC（Activity-Based Costing；活動基準原価計算）を待たなくてはならなかった。

④ 支店間取引へ対応した原価振替が困難

A店に口座のある顧客が，駅前のB店のほうが利便性が良いことから，頻繁にB店で取引を行うことを考えてみよう。もしも，その取引が振込や送金であればB店に手数料が計上されるので，手数料で利用コストはペイされると考えるかもしれない。しかし，その取引が日中の入出金や残高照会ばかりであった場合には，手数料収益はB店には一切入ってこないにもかかわらず，取引の原価はB店にかかってしまう状態になる。伝統的な支店別原価計算では勘定店でのみ経費を把握するので，B店の経費はB店の原価として計算されそれ以上には分解されない。

もしも，それでB店の採算が悪いからということでB店を廃止してしまったとしたら，その伝統的な支店別原価情報のために経営の意思決定をミスリードすることになる。顧客側からみても，使い勝手の良かったB店が廃止されて完全なサービス価値の低下となり，その顧客が他行へ流れてしまっては最悪な経営判断ミスといわざるをえない。

コンビニエンス・ストアの ATM はすべてワイドネット取引であるが，顧客の利便性は非常に高い。最近の顧客は"支店"と取引をしているのではなく，"銀行"と取引している感覚に，はっきりと変化してきている。本例は伝統的な支店管理中心の考え方から，顧客志向の考え方への転換も示唆している。伝統的な支店別原価計算では，このような経営の意思決定に価値ある原価を算定するのは困難であり，さらにミスリードさえ犯しかねないことを認識しておく必要がある。

⑤ 銀行経営上の支店体制への対応困難

従来からの母店／出張所形式だけでなく，最近ではブロック店，連合店，さらには同一支店内を法人営業／個人営業などのあたらしい戦略的な支店体制が構築されており，これまでの単純な支店体制ではほとんど対応できない。これらあたらしい支店体制に対して，伝統的な支店別原価計算は対応が困難であ

る。

⑥ 渉外行員のエリア別集中化への対応困難

　渉外行員の効率的営業のため，支店ごとに渉外行員を置かずに，エリアごとに集中して所属し，各支店へ都度出向く（またはその日の最後に立ち寄る）体制もとられつつある。この渉外原価を単純に所属店にかけていたのでは，支店別業績評価は誤った結果になる。必要なのは，渉外行員が出向いた先の支店へ，当該渉外行員が出向いて活動した分の原価が賦課される仕組みである。

⑦ 担当者別の業績評価への拡張が困難

　銀行では，支店合計で判断される連帯責任型の業績評価だけでなく，渉外担当者にはより積極的な営業を行わせて新規契約を取り付けてくることを評価したいと考えている。そのためには，渉外担当者ごとの責任と成果に応じた評価を行う成果給の導入も検討しはじめている。そのベースとなる担当者別原価は，伝統的な支店別原価計算では計算できない。

（２）伝統的な顧客別原価計算の内容と問題点

　顧客は支店とちがって，銀行外部の原価計算対象である。そのため，業績評価というよりも，次の２つのような意思決定のための原価計算である。

　　Ａ）顧客別取引状況確認（与信管理目的）
　　Ｂ）顧客のセグメント別営業戦略策定目的

　Ａの顧客別取引状況確認の目的は，顧客与信管理上，原価と信用リスクに見合う収益が確保されているかを判断して，融資条件を決定する意思決定目的のものである。

　Ｂの顧客セグメント分析は，顧客別の実績の原価を，顧客の属性に応じて集計，カテゴライズ，または並び替えを行って全体の相対的な傾向を分析することで，営業戦略を策定するものである。すなわち，マーケティングの観点での意思決定に相当する。たとえば，個人セグメント，法人セグメントなどのセグメント別や，業種別の原価，あるいはリスク調整後利益の高い順に顧客を並べるなど，カテゴライズを行いながら集計する。しかし，伝統的な顧客別原価計

算では，もともとの顧客別原価に納得感がもてないために，ほとんどの銀行では，その顧客別原価を利用したセグメント別集計や分析までは実現できていないのが実状である。

図6-1に銀行における伝統的な顧客別原価計算の仕組みを示す。伝統的な顧客別原価計算は，総経費を本部部門費と営業部門費に集約し，本部部門費を営業部門費へ賦課する（第一次配賦）。次にその営業部門費を国内勘定科目別原価に割り当てる。勘定科目別に算出された原価を，銀行の総口座数や残高合計で除すことによって，勘定科目別単位原価が算定される。その勘定科目別単位原価に，顧客ごとの保有口座数や残高と掛け合わせることによって顧客別原価が算出される。仕組みは部門別原価計算にしたがっていると考えられる。

次に，伝統的な顧客別原価計算の銀行経営管理上の問題点について6点にまとめる。

① 高額な単位原価

伝統的な顧客別原価計算では最終的に勘定科目別単位原価を算定するが，図6-1の原価計算モデルに示されるとおり，本部の経費も含めてすべての経費

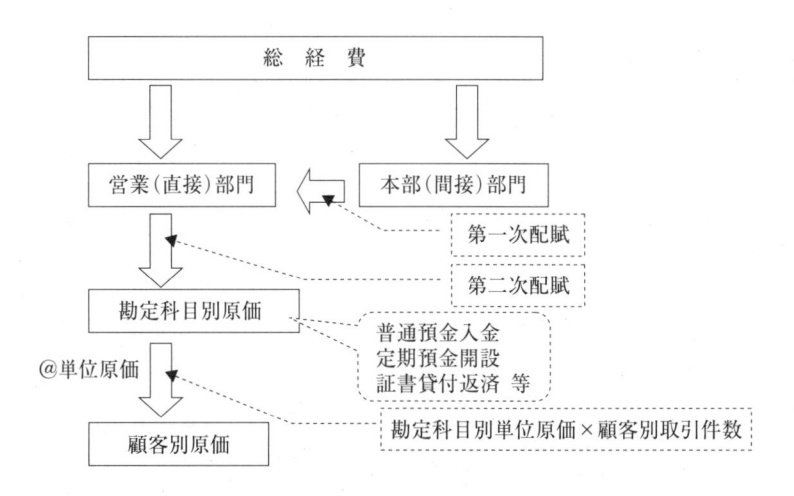

図6-1 伝統的な顧客別原価計算ロジック

が勘定科目別単位原価に集約される仕組みになっている。そのために，非常に高額な単位原価となり実感とあわず，商品別の採算をみるための原価として適用するには納得感が低かった。

② 現場の納得感の低い配賦基準

伝統的原価計算ではおもに資金量のような残高を配賦基準として利用しており，現場での納得感がなく，原価低減に向けたコントロール・アクションにつながりにくい。換言すれば，原価を下げるために，資金量を減少させるような行動をとることはありえない[2]。

③ 原価の要因分析が困難

伝統的な顧客別原価計算は，第一次，第二次配賦と複雑に配賦されるため，顧客別原価の結果をもとに原価の要因を直接分析することができない。

同様に，この複雑な配賦構造と，組織構造に依存した伝統的な顧客別原価計算では，昨今の銀行経営の変化にはついていけず，ほとんど使われないシステムとなるか，または，そのたびに相当な開発コストをかけて過去のプログラムロジックを改変しているのが銀行の実状である。そのため，内部の配賦ロジックがますます分からなくなる。

④ 配賦基準が不適合

伝統的な顧客別原価計算では残高基準がよく使われた。"貸出量の拡大＝収益増"といった量の拡大型営業の時代には疑問はもたれなかったと思われる。しかし，銀行は，バブル崩壊の影響で不良債権処理に追われる状況を経験して，いまでは"貸出量の拡大＝リスク増"と捉えるようになっている。伝統的原価計算の配賦基準にしたがえば，"貸出量の拡大＝原価増"となり，一層業務純益が減少することになる。

また，伝統的原価計算でも資金量ではなく取引件数を配賦基準として適用する場合があったが，そのデータとしては勘定系ホストコンピュータ・システムに入力されたトランザクション件数から算出される事務量がもとになっている。事前の本人確認，審査，稟議事務，折衝，調整など銀行における段取り工程と考えられるコンピュータ処理以外の工程での処理において，手間のかかる

コストがほとんど考慮されない状況であった。伝統的な顧客別原価計算では，富裕層と一般の個人客の取引件数が同じであった場合，等しい原価を算出していた。本来は，富裕層には資産運用紹介・相談などのリレーションシップ構築に相当多くの手間（コスト）をかけているはずである。

⑤ 提供チャネルごとの差異があらわれない

現在，顧客へのチャネルは支店だけではなく，ATM，EB（electronic banking），インターネット，インストア・ブランチなど非常に多様化してきている。同じ普通預金入金といった取引であっても，どのチャネルを利用したかによって，原価が大きく変わってくるはずであり，伝統的原価計算では対応が難しい。

⑥ 新商品への対応が困難

国内勘定系のいわゆる伝統的商品だけでなく，現在では投信，保険などの新商品や，小口デリバティブなど資金証券関係の新商品や，海外商品など非常に多岐にわたっている。多くは，ホスト勘定系システムではなく，専用のサブシステムによって処理が行われている。これら新商品の投資金額（コスト）については，現状では，勘定系への投資金額よりも多い可能性がある。基本的には国内勘定系を対象にする伝統的原価計算では，これら新商品への対応は困難な状況にあった。

以上のとおり，銀行の伝統的原価計算には，支店別の業績評価や顧客別の営業推進・与信管理上の意思決定において適用するには少なからず問題点が存在した。そのため，実際にはどの銀行も伝統的原価計算を構築したものの，経営管理上重要視されていなかったようである。1980年代までは，護送船団行政によって銀行経営が守られていたために，銀行は原価管理にそれほど真剣になっていなかったということも影響していると考えられる。さらに，規制金利であったため貸出金額を増やすことで収益は比例的に向上し，原価や経費には意識が向かわずに，伝統的原価計算の問題点の解決を図ることなく，バブル崩壊を迎えたのではないかと考えられる。

6.2　銀行 ABC の登場

　1990年代に，筆者は都市銀行の総合企画部に籍を置き，そこで経営のための銀行原価計算を行ってきた。バブル崩壊後の1990年代半ばまでその都市銀行原価計算の仕組みは，前述のとおり1957年の富士銀行（現 みずほ銀行）や1964年の東海銀行（現 三菱東京UFJ銀行）の原価計算とほとんど同じであった。しかし，前述のとおり伝統的原価計算には理論的に問題点があったため，次第にその原価計算システムは経営や営業面でほとんど役に立たないものとなっていった。

　1997年に櫻井教授を中心とした現役の都市銀行企画メンバーらによる「銀行業の原価計算研究会」が発足し，約1年間をかけて ABC (Activity-Based Costing；活動基準原価計算）の有用性と導入方法が研究され，あさひ銀行（現 りそな銀行）とさくら銀行（現 三井住友銀行）において早々に ABC が構築された（櫻井編，2000；髙木，2004）。ABC によれば，活動する側の責任とその活動を消費する側の責任が明確に区別されるうえ，伝統的原価計算にくらべて合理的なコストドライバで原価を割り当てることで，より納得性が高まると考えられた。

　銀行では ABC の責任の所在については，次のように考えられている。
- 経費……経費支出責任（経費予算の稟議と経費の支払責任）
- 活動……活動原価責任（活動を行う責任）
- 原価計算対象……活動受益責任（コストドライバ量の管理責任）

それぞれの責任は，基本的には部門レベルであるが，部署や支店レベルまで，その責任の所在を明確にしておくのが最も効果が高い。なぜなら，責任の所在を明確にすることでコントロールする権限を与え，その成果に応じて業績評価することが可能になるからである。

　次節では，銀行 ABC がどのように適用されて戦略的な管理会計が実現されたのか，その内容と効果について実際のケーススタディによって検討する[3]。

6.3 都市銀行Sのカンパニー運営に対するABC適用事例の研究

本節では，銀行戦略にあわせて銀行ABCがどのように適用されたかを都市銀行Sの事例をもとに考察する。

(1) カンパニー別運営のねらい

従来，都市銀行Sでは，与信判断目的の顧客別原価計算と，業績評価目的の支店別原価計算といった，いわゆる伝統的原価計算によって運営されてきた。1999年に，成果と責任の所在を明確にすることを目的として，銀行業界ではじめてディビジョン・カンパニー制（以下，カンパニー制）を実施した。カンパニー制とは，ヒト，モノ，カネの経営資源を各カンパニーに分配して独立採算を徹底するとともに権限も大幅委譲するものである。都市銀行Sのカンパニー制は権限を委譲し意思決定の迅速化を図り，経営の責任範囲明確化を推進するためのものではあったが，人事権など一部の権限委譲は今後の課題とされていた。そういった点から，当時の都市銀行Sのカンパニー制は，一般の事業本部制に近い制度であったと考えられる。

カンパニーの利益責任を明確にするためには，伝統的原価計算では算出が不可能であった。なぜなら，カンパニー制は大企業／中堅中小／個人などの顧客の属性に応じて利益計算する必要があるため，単純な伝統的な支店別原価計算での対応は困難[4]だからである。さらに，銀行の伝統的原価計算の基準が，時代を経るごとに納得感がなくなっていき，現場での分析やコントロールが困難になっていった。そのため，支店や担当者には原価の責任や原価低減のインセンティブが働きにくいものとなった。

したがって，各カンパニーがその責任の範囲内において，コントロール可能となる原価を計算することを第一のねらいとし，さらに，カンパニー別原価と整合性のある顧客／事業別セグメント原価と，商品／チャネル別原価を算定することがねらいとされた。

（2）カンパニー別 ABC 体系とその目的

カンパニー制における原価計算の目的は，次の3点におかれた。

- 原価責任を明確にすること（"コストの帰属"明確化）
- 原価の管理可能，不能部分の明確化
- カンパニーごとの資源の適正配分

都市銀行Sでは，単に原価を算定したとか，ABCを適用したからということだけでは意味がなく，その原価を分析してコントロールができなければ，経営上役に立たないと判断していた。そのためには，原価に責任をもたせ，業績評価に関連づける"責任会計"が必要であると強く認識されていた。

また，都市銀行Sのカンパニーとは，同一の支店のなかに，大企業カンパニー，中堅中小カンパニー，および個人カンパニーが共存するといった考え方である。したがって，支店別原価では基本的にカンパニー別原価は算定できず，一部の原価については顧客別に計算したのちにその顧客の属性（大企業か，中堅中小か，個人かなど；以下，顧客セグメント）を判断して，属性ごとに集計する必要があった。

（3）カンパニー別 ABC の基本機能

カンパニー別 ABC の基本的な機能は，次の4つのステップにより実現された。

① 部署別経費

まず，リソースである経費（人件費，物件費，税金）について，本来その経費を受益する部署を特定する。それは，カンパニーの業務遂行のための投資であり，その投資をもとにカンパニー内の各部署は，課/室/グループの単位で活動が行われる[5]と判断する。したがって，部署や支店の課/室/グループの単位を経営レベルでの活動単位と捉え，その経費合計を所属するカンパニーのための業務ミッション，あるいは，銀行全体の業務遂行のための活動原価と捉えることとした。

そのためには，はじめに部署別経費の特定を行う必要があるが，実務上は経

費支払については，本部の特定の部署で集中的に行われていることが多い。たとえば，人件費については人事部，物件費は総務部や事務統括部，税金は主計課などでまとめて支払われている。そのため，財務会計上の経費のままで部署別経費を算出したとすると，これら集中的に支払が行われている部署に大きく偏ってしまうことになる。集中的に支払われている経費は，本来必要な部署のための立替である。そのため，部署別に活動原価を作成する前に，集中的に支払っている部署から本来の部署への"経費の振替"が必要である。

② 活動原価責任

いったん部署別経費として集められた経費は，次に課/室/グループの単位の活動へ集計する。その課/室/グループは，業務改善目的で ABC を行う場合の細かさ[6]からみれば粗いものであるが，カンパニー別原価を算定することが目的であることからすれば，とくに問題ではない[7]。逆に，経営レベルの目的を忘れて過度に詳細化することで，原価計算の運用継続性の問題や，エラーデータ混入などによる意思決定のミスリードなどの弊害が多くなることがある（Cokins，2000）。

部署別経費から，課/室/グループ別の活動原価への配賦は次のとおりである。

　a．大きな投資が発生している物件費については，その経費明細情報から，課やグループを判断して直課する。

　b．事務関連経費は，支店活動分析の結果と担当する人員数で活動に集計する。

　c．金額がそれほど大きくない場合で，その部署が特定のカンパニーに所属していることがあきらかな場合には，課/室/グループ別にブレークダウンしない場合もある。

③ 活動原価の種別（活動種別の特定）

次に，活動原価ごとに"誰のために行う業務活動なのか"，あるいは"誰がその活動原価の受益者となるのか"を判別する。次のように活動原価を4つの種類に分け，これを活動種別として，その特定を行った。

A．顧客や市場など外部ステークホルダーに対して行う活動（サービス）
B．複数のカンパニーで利用される行内サービス活動
C．特定のカンパニーのための活動
D．企画など本社スタッフとしての活動

　以下，それぞれA：顧客サービス，B：行内シェアサービス活動，C：特定カンパニー活動，D：本社スタッフ活動，とする。とくに，Bについては，後述するように行内共通的に利用される活動と解釈して"行内シェアサービス活動"とした。

　図6-2に，活動種別の特定のイメージを示す。楕円形で活動種別をあらわす。それぞれの矢印は行内の活動やサービスの対象先を示している。行内の活動とサービスを分類すると次のとおりとなる。

- 顧客サービス活動：活動⑥，⑩，および本社の活動①，③
- 行内シェアサービス活動：活動⑦

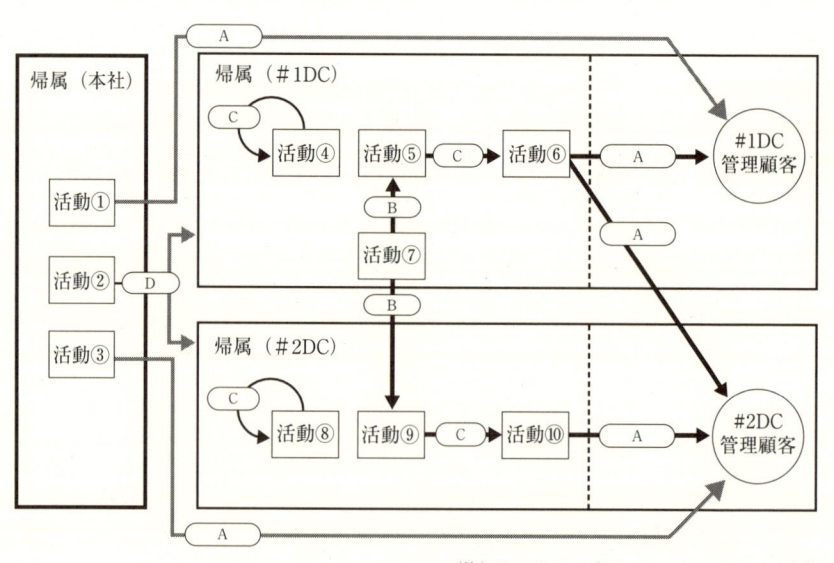

（注）DCはディビジョン・カンパニーの略称

図6-2　活動種別の特定

表6-1　活動種別単位の割当て方法

活動種別	原価計算対象	原価計算対象への割当て方式	計算式
A．顧客サービス活動	顧客[8]	単位活動原価（標準原価）を算定して顧客へ割当て	＠活動単価×顧客別コストドライバ
B．行内シェアドサービス活動	カンパニー	単位活動原価（標準原価）を算定して対象カンパニーへ割当て	＠活動単価×カンパニー別コストドライバ
C．特定カンパニー活動	特定カンパニー	当該カンパニーへ割当て	直課
D．本社スタッフ活動	カンパニー	割当て方式	人員数割，リスク量または資本コストによる

- 特定カンパニー活動：活動④，⑤と，活動⑧，⑨
- 本社スタッフ活動：活動②

次に，それぞれの活動とサービスの種別ごとに，原価の割当基準である配賦方式とその計算式を定めていく。

④ 原価計算対象への割当て

活動種別ごとの割当て方式とその計算式については，表6-1のとおりである。

(4) 行内シェアドサービス活動原価

行内シェアドサービス活動原価は，特定の本社もしくはカンパニーで行うサービスを他のカンパニーが利用するものであるから，行内シェアドサービスコストの利用1件ごとに"標準単価"を設定し，その利用分を行内手数料として移転させる。

大企業カンパニーに属する顧客の事務については，個人カンパニーの支店事務の活動で行われているので，大企業カンパニーは個人カンパニーの"事務のサービス活動"を利用させてもらっていることになる。このような行内のサービスを複数のカンパニーで利用する形態に対しては，責任会計の観点から利用する部門が事務を1件利用するたびに，その事務委託手数料（＝単位事務活動

原価) を個人カンパニーに対して支払うとする形式が合理的である。ただし, はじめての運用では, 余裕分・遊休分などのキャパシティーコストや, 逆にマージンを考慮しないで, 単純に活動原価を移転させる方式とした。

(5) 顧客サービスと行内シェアドサービスの運営方法

　顧客サービス原価とシェアドサービス原価は, ABCによるコストドライバ配賦である。それぞれ単位計画原価と単位実績原価の把握が可能であることから, 原価差異分析を行って原価についての責任会計の実施が可能である。すなわち, 経営計画を策定する際に, 前期実績の経費と前期実績件数をもとにした実際活動原価を総件数で除し, まず"実績単価"[9]を算定する。その実績単価と, 経費予算と件数計画をもとにした計画上の活動原価を算定して, 年度中の"計画単価"を決める。計画単価については, 期中の変更はしない方針とする。期末に実績を算出して, 実績と計画の原価差異分析を行うことによって, 単価とコストドライバ (＝利用件数) それぞれが責任あるカンパニー, または受益を得るカンパニーへ原価差異がフィードバックされる。図6-3では, 計画単価と実績単価の"単価差異"が, 当該活動原価の責任部署へフィードバックされ, 計画件数と実績件数の"件数差異"が, 当該活動を利用する原価責任としてフィードバックされる様子を示している。

(6) 新原価計算体系イメージ

　図6-4で, 顧客セグメント別原価の範囲と, カンパニー別原価の関係と整合性をまとめる。

(7) カンパニーABCの効果

　経費と原価のすべてについて, カンパニーの帰属を明確にし, それを出発点として, ABCによって原価を振替える仕組みとなった。それによって, 次の3点の経営効果が得られた。

　第1に, カンパニー別の原価が算定できるようになったことと, 原価が配賦

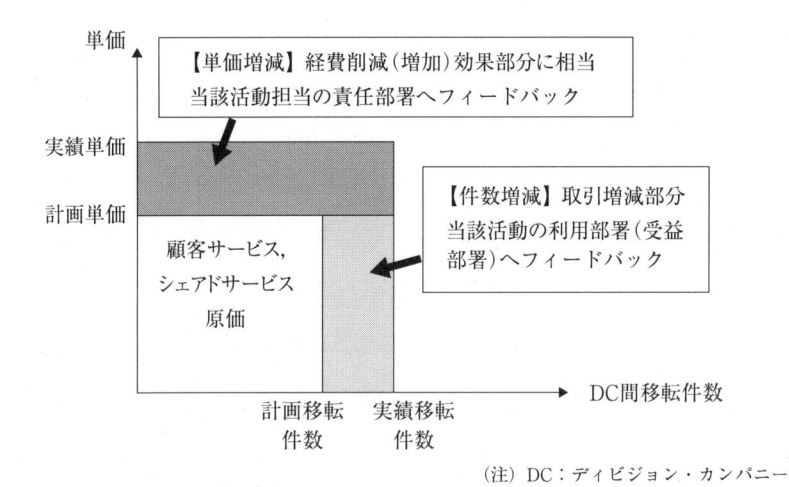

図6-3　都市銀行Ｓのカンパニー別原価差異分析

される側でコントロールの可否を明確にしたカンパニーの責任会計が実現できたことである。伝統的原価計算では，現場でのコントロールのしようがなかった。これまで，非常に細かい基準で計算された原価であっても，その原価が実際に「どこの責任で発生したものなのか」「どこで管理されるものなのか」がまったく不明で，結局は，配賦される側にとっては，単に"転嫁されるコスト"といった，コントロール不可能なものであった。しかし，ABCによって経費の責任の所在を明確にし，活動原価責任があきらかになったことで，配賦される側でのコントロール可能な原価範囲があきらかになった。それは別の見方をすれば，管理可能な原価とは，カンパニーで責任をもって管理しなくてはならない最低限の原価ということになった。

第2に，コストセンターのプロフィットセンター化がなされた。本社のシステム部門や個人カンパニーの事務関連原価については，これまではコストセンター的な考え方しかできなかったが，ABC導入によって管理会計上でプロフィットセンター化が可能になった。

事務やシステム関連の部署は，これまでどちらかといえばできて当たり前の

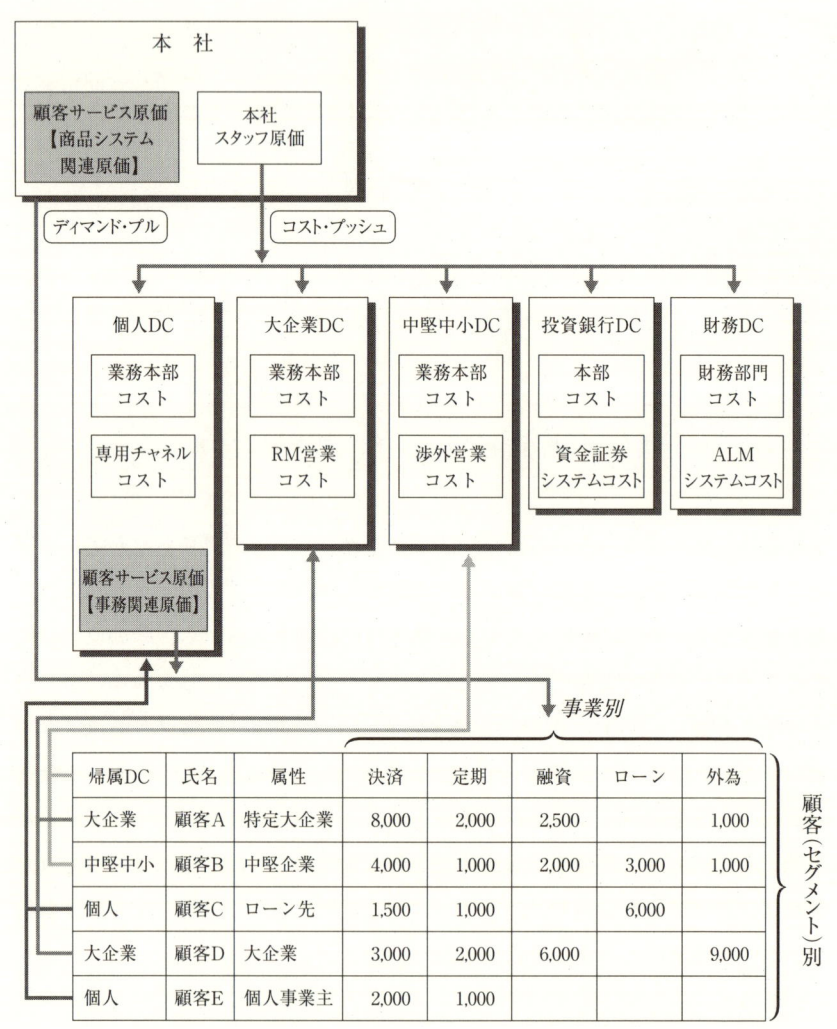

図6-4　顧客セグメント別原価計算とカンパニー別原価の関係

"マイナスの業績評価"しかできなかった。本来銀行のなかで唯一クリエイティブなことをやっているはずのシステム部門などに，革新性が育たなかった。単に「障害をおこさないように，できるだけ何もやらないようにする」のがベストのような雰囲気が漂っていた。しかし，ABCを導入することによって，計画と実績の原価差異を従来コストセンターと思われていた部署へフィードバックできるようになったので，計画に対する実績の評価が数値で行えるようになりプラス評価が可能になった。事務部門についても，計画事務活動原価よりも低い実績事務活動原価で処理した場合には，プラスの原価差異がフィードバックされるので，ABCを低減すれば，その分だけ良い業績評価が得られることになり，擬似プロフィットセンターとして前向きなインセンティブが働くことになった。

第3に，計画の策定を，カンパニー別原価のベースで行えるようになった。これまでは，経費（人件費，物件費，税金）を，部署ごとに一律5％カットというような戦略性のあまり感じられない計画策定が行われがちであった。それがABCベースの原価計算によって，顧客へのサービス価値を落とさないで原価低減を行うような計画の策定が可能になった。つまり，顧客サービス原価についてはなるべく変更をしないで，行内活動原価や本社スタッフの原価のみ計画値を下げることができるようになった。

"カンパニーの戦略 → 必要資源と投資計画策定 → カンパニー計画原価 → 合計＝全行経費計画"となり，全体の経費計画とカンパニーの投資計画が整合的になる。さらに，このようにして作成されたカンパニー別原価は，IRや当局宛て資料などにも利用された。

(8) カンパニー別ABCの課題

当時の都市銀行Sにおけるカンパニー別ABCの実際の運営面では，次の3つの課題があきらかになった。

① チャネル別原価（単価）種類の多様化

実務上，銀行の原価低減方法で効果が高いのは，窓口のように人手がかかる

ような高コスト・チャネルから，ATM やインターネットのような低コスト・チャネルへのシフトである。商品は，預金，為替，ローンすべてコストは変わらないものの，その商品をどのチャネルを使って取引が行われるかで，全体のコスト[10]は大きく変わってくる。したがって，チャネルの種類と，顧客セグメント，地域性，エリア別などのマーケット別のマトリックスで戦略を検討しなくてはならない。そうなると，戦略上豊富な種類になるチャネルにあわせて原価計算対象の種類を充実させておくべきである。

② 事務集中センターの ABC

支店で行うよりも，ローンセンターや事務集中センターで，事務処理が行われるほうがコストは低くなるうえ，事務リスクの管理強化にもつながる。業績評価や意思決定のための管理会計上，コスト面の優劣がより詳細にかつ具体的に分かるようになっているべきである。支店は今後，資産運用などのコンサルティングやアドバイス業務が主になっていき，事務集中センターでオペレーショナルな業務をすべて引き受ける方向になるといっても過言ではない。そうなると今後，ABC が最も必要なのは，支店よりも事務集中センターのほうであると考えられる。

③ 標準単価設定レベルアップ

当時，あたらしい原価計算（すなわち ABC）の浸透を図ることを優先したので，あえて前期実績の単位活動原価をそのまま計画単価として利用した。本来は，原価の責任部署が来期の予想取扱件数，人員計画，投資計画，そして戦略計画によって，標準原価として計画単価を設定しなくてはならない。しかし，そのためにはまず過去の ABC データの蓄積が必要であるが，それまでは前期の実績単価を計画単価として運営する[11]のが現実的で，妥当である。

(9) その他の経営目的別管理への利用

今回の原価モデルにより作成された活動原価データベースより，以下の目的別原価に利用される。

- 顧客別原価

- 事業別原価
- 商品・チャネル別原価[12]
- 事務プロセス別原価[13]

　カンパニー別 ABC において中間的に算定される活動原価を、いろいろな経営目的に応じた原価計算対象に配賦する。経営の現場では、ひとつの原価を一回算定して終わりというわけではない。目的に応じて原価が再利用されるのである。材料である経費リソースを変換して、ステークホルダーに提供できる形にしたものが活動であり、その銀行活動原価こそ管理目的間の唯一の共通データである。なぜなら、各行員はひとつの目的のためだけに活動を行っているわけではない。顧客が中心ではあるものの、担当者、支店長、部門長、株主、関連企業、金融当局、地域社会など、すべてのステークホルダーに対して活動を行っている。ただし、同じ活動であってもそれぞれのステークホルダーに対して関連度は変化する。

　都市銀行Sで採用された活動原価を中心とした管理目的別原価モデルを図6-5に図示する。活動原価をもとに、顧客別コストドライバを利用して顧客別原価が算定され、担当者別とチャネル別のコストドライバでそれぞれ担当者別原価とチャネル別原価が算定されるモデルとなっている。

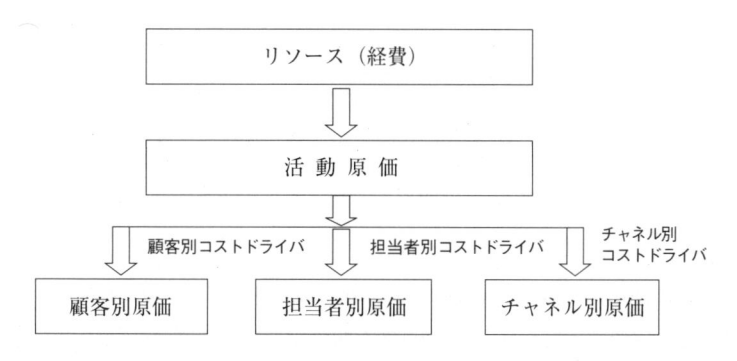

図6-5　原価計算対象N次元モデル

6.4　銀行 ABC と伝統的原価計算の比較

　銀行経営に対する伝統的原価計算と ABC についての比較検討を行い，その違いとそれぞれの特徴を次のとおりまとめる。

(1)　伝統的原価計算の「業務の種類別原価計算」と ABC における「活動」の比較

　山高（1964，p. 10）は，銀行原価計算においては業務の種類別原価計算が必要と考えた。ここでいう業務の種類別原価計算とは，預金，貸出，為替，信託などといった大まかな業務から，必要に応じて当座預金，普通預金，定期預金などといった細かい業務が想定されていた。

　現在では，預金，貸金などはどちらかといえば業務というよりも銀行の商品としての認識となっているが，その本質的な違いはないといってよい。つまり，業務の種類別とは ABC では（サービス）活動別と考えられる。銀行の商品はモノではなくサービスであるため，原価計算を適用する場合に ABC を意識していなくても結果的に原価がサービス別に算出されたものと考えられる。

　しかし，図 6-6 にあるとおり，伝統的原価計算は大蔵省の原価計算基準の部門別原価計算と同じように間接部門を直接部門へ再配賦する仕組みであった。そのことから，銀行商品の特質上，結果的に ABC の活動と同じような業務の種類別に区別されて計算されることがあったとしても，伝統的原価計算それ自体は本質的には ABC とはまったく異なるものであったと結論づけられる。

(2)　事務費の比例費的性格とコストドライバの比較

　伝統的原価計算では，「当座小切手 1 枚を処理するための原価はいくらで，100 枚あればその100倍かかり，1000 枚であればその1000倍かかる」といったように事務費は事務量と比例関係にあることが認識されていた（山高，1964，p.

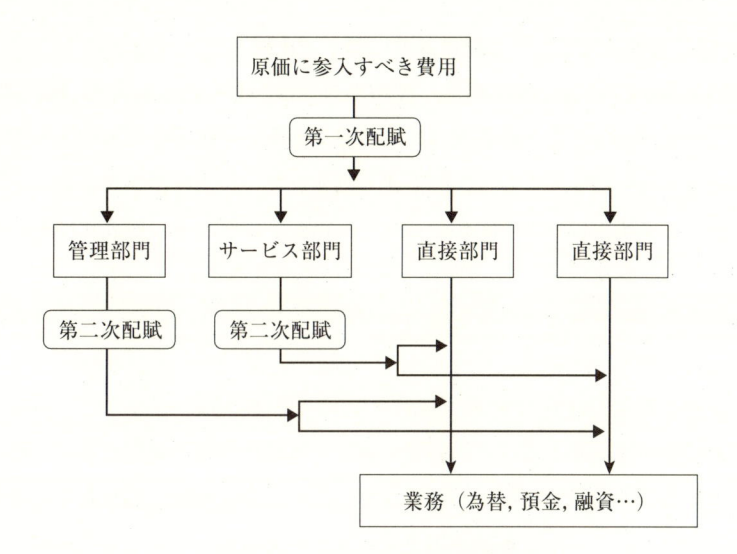

図6-6 業務の種類別原価計算
(出所) 山高 (1964, p.97) をもとに筆者が一部加筆。

48)。そのためには，事務別の単位作業時間と標準作業量の測定が必要であり，それを基礎データとして業務の種類別1件あたりの原価算定を行う必要があった。これは，ABCの事務に関する活動コストとそのコストドライバの関係をいっているものと考えられ，活動別単位原価の必要性をも示唆している。さらに，「サービス部門の費用はサービスを受けた直接各小部門がサービスを受けた度合いに応じてその部門の原価に加える」(山高，1964, p.58) 方法は，サービス業におけるコストドライバと類似している。

ただし，配賦基準全体としてはほとんどが残高や収益額で配賦されており，事務量や事務件数などのコストドライバによって配賦されることはまれであった。それは，銀行は1980年代までは貸出金などのストックにより収益をあげるビジネスがほとんどであったため，サービスが行われた回数や事務の件数などの情報はあまり管理されていなかったためである。

（3）銀行原価計算における配賦基準に関する比較

　配賦基準が口座数，事務件数，残高比率では，まったく合理性は得られない。たとえば，ほとんど休眠状態にある残高の多い当座預金の大口先と，残高が少なく常時小切手による入出金が繰り返されている当座預金先があった場合に，どちらに多くのコストがかかっているのか。配賦基準に残高比率を設定した場合には，休眠状態の大口先にコストが多く配賦されてしまい，実態とはまったく逆の結果となり判断を誤る。

　そもそも比率で配賦すること自体に問題がある。比率による配賦というのは，現場からみれば何の比率を使おうとも"経費の押しつけ"にしかみえない。本部を上位とする支店への経費の落とし込みになり，現場にとっては一層この押しつけ的な意識は強い。これまで，20年以上伝統的原価計算をやってきた大手銀行では，いかに配賦を工夫しても伝統的原価計算では経費の押しつけのようなものにしかならないということが認識された。

　一方，ABC原価計算ロジックは，この配賦に対する概念として"コストドライバ"をもってきた。コストドライバによって，"使用量"または"消費量"的な考え方を実行できる。全体の原価責任，リソースの利用責任，そして受益部署の負担分とを明確に区分する。つまり，本部からの押しつけではなく，本部の責任と支店の責任を明確化し，双方の原価を使用量に応じて相手方へチャージする考え方を基本とする。つまり，ABCによれば「本部＝上位」的な概念はすでになく，本部とプロフィットセンターである支店は独立したそれぞれ対等の活動主体とすることができる。

（4）銀行の事務量管理との関係に関する比較

　伝統的原価計算で使用される事務量や事務件数は，勘定系ホストコンピュータ・システムに入力されたトランザクション件数をベースに算定されている。そのため，たとえば，勘定系ホストコンピュータ処理以外で行われる審査とか，顧客に対する商品説明などに手間がかかる特別なローン商品にはコストはかからず，通常のローンのように大量にコンピュータ処理が行われる商品へコ

ストが多くかけられてしまう結果となる。その結果，手間のかかる特別ローン商品のほうが収益性が高いと誤解されて，経営判断を誤ってしまう。

　最近の商品は，国内の勘定系商品（普通預金・定期預金・手形貸付・証書貸付など）よりも，資金証券関連商品や投信・保険のようないわゆる新商品の役割が大きくなっており，数十年前とは大きく様変わりしている。現状では，勘定系システムのメンテナンスコストよりも，実はこれら新商品の初期投資額のほうが非常に膨大である。投信や保険などの新商品は，受付・事前説明や審査などの事務ワークフローも勘定系事務と大きく異なる。これらの認識がなく，1980年代までの勘定科目を中心とした事務量で配賦をしようとする伝統的原価計算では，一般に経営上の価値ある原価を算定することをほとんど見出すことはできない。単に投信科目を追加しただけでは根本の問題は解決しない。そもそも国内勘定系中心の事務量や件数で基本的な伝統的原価配賦ロジックが構成されていることに問題があることを認識すべきである。

　たとえ，あたらしくABCを適用したとしても，これまでの伝統的原価計算に使用していたのと同様に，従来の科目を中心とした勘定系システムの事務量データだけをコストドライバとして適用した場合には，この課題は解決しない。

（5）経営戦略策定・組織変更にともなうメンテナンス性に関する比較

　伝統的原価計算ロジックにおいて，最大の問題と思われるのが変更容易性である。伝統的原価計算は，どちらかといえば非常に複雑でかつ固定的である。以下のような戦略的に頻繁なロジック変更への対応は，ほとんど不可能になるか，相当多くの変更対応負荷が必要である。

- 費目・科目の追加
- 新商品・新チャネルの追加
- 配賦基準の変更
- 中期経営計画策定時の施策やそれにともなう予算計画の反映
- 販売予測やインセンティブを加味した原価の反映

・来期より変更される組織構造や人員配置の反映

これら実務上,戦略上の変更が,タイムリーに"原価計算システム"に反映されなければ,その原価計算の結果には経営上なんら価値がない。現在もしくは来期の運営をどうするかを考えたいにもかかわらず,これら項目の対応ができなければ,ただの過去の実績データが数ヵ月も遅れて算出された何のための原価か分からない価値のないデータレポートになってしまう。

(6) 銀行のチャネル機能と手数料関連商品に関する比較

都銀や大手地方銀行を中心として,昨今ではATM,テラー,EB/FB,インターネット,インストア・ブランチ,i-mode,テレホン・バンキングなど,顧客への"提供チャネル"の多様化に戦略を注いでいる。それは,この低金利下では利息といった資金収益ではほとんど利益の向上は望めないことを認識し,フィービジネスの強化に早くから取り組んでいるからである。金利が自由化されたとはいえ,一般に日本の銀行はまだ護送船団方式時代からの横並びの金利設定に近く,差別化は十分ではないというのが実状である。一方で,手数料商品のほうは,顧客へのサービス価値が明確なぶん,手数料の差別化が可能な商品である。

また,リスクマネジメントの高度化によって"ストック＝収益"といった簡単な構造ではなく,"ストック増＝リスク増"の構造があきらかになってきた。手数料関連商品は,事務リスクやシステムリスクを除くと,完全にリスクフリーな商品である。したがって,"リスク＝0"で,かつ他行との差別化が可能な収益源となる"チャネルの多様化"に上位銀行が戦略を集中するのは当たり前の結果であった。銀行側の収益的観点だけではなく,顧客の価値で考えても,提供チャネルの多様化は利便性を高めることになり,顧客の満足度をダイレクトに相当高めるものであり,その銀行との取引維持に強力な意識づけを行うものである。

ただし,このようにチャネルを多様化していく戦略が選択されるのは,今後ますます強くなるのは間違いないと思われるが,銀行としてはその戦略の評価

をウォッチしていかなくてはならない。手数料関連商品であるチャネルの多様化で，中心となるのはスプレッド収益管理でもリスクマネジメントでもない。まさに原価計算のレベルこそが，チャネルの採算管理の鍵である。

　伝統的原価計算システムは，どちらかといえばチャネルの概念のない科目中心型の単純な原価配賦モデルである。かりに，伝統的原価計算システムに機能追加することによってチャネル別原価をなんとか算定できたとしても，おそらく戦略に対して常に遅れた「後追い型システム」となり，戦略的な投資管理を中心とする有効な戦略的な経営管理会計システムにはなりえず，単なる原価計算システムという名の"経費実績分配型システム"にすぎない。

　おそらく，1960年代から1980年代までの伝統的原価計算システム華やかなりし時代には，これほどチャネルの存在が増すとは誰も思わなかったのではないだろうか。それが，伝統的原価計算のロジックフレームワークにチャネルの概念が欠如している原因であろう。顧客価値向上へダイレクトにつながるチャネルの多様化に，早くタイムリーに対応づけることを最優先で行うべきであるが，それに応えられない伝統的な原価計算システムとその原価計算の結果では，経営の意思決定には適用できない。

　手数料関連商品というのは，サービス対価商品とも言い換えられる。原価を算定するためには，固定的な口座中心の配賦では不可能であり，サービスを構成する活動あるいはプロセスの単位でABCによってその原価が把握されることにより，本当の原価の算出が可能となる。

おわりに

　銀行管理会計における銀行原価計算では，伝統的原価計算よりもABCが適していることを検討した。しかし，いかにABCの理論がすぐれていても，導入の仕方でこれまでの伝統的原価計算と同じ失敗を繰り返さないようにしなければならない。使用されるコストドライバが，事務量システムのデータだけで構成されていたとするとABCの効果は発揮できない。

活動の過度な詳細化については，注意が必要である。詳細にするために時間とコストをかけても，正確性が求められるとは限らない。銀行管理会計のABCは一度きりではない。換言すれば，一度きりの過去の原価を算定するといった"過去の分析型原価計算"をABCでやってはならないということである。目的は，あくまで自社の企業価値を高めようとする戦略的マネジメント・コントロールにこそあるということを忘れてはならない。とくに，これまでの銀行員は1円単位であわせることが美徳と考える傾向があり，原価計算を含む銀行管理会計では，それが逆に自行の経営のためにならないということを認識しておくべきであろう[14]。

　とくに，銀行ではABCはどちらかといえば業務改善よりも経営の意思決定と業績評価のための原価計算と捉えている。そのため，継続的な運用ができることが銀行ABCの必須条件となっている。もしも，活動が非常に複雑で細かすぎると，継続的な運用面でも支障を来たすおそれがある。したがって，銀行ABCは，戦略的マネジメント・コントロールを行うことと，それが継続的な運用に耐えうるものにする必要があるので，最適なサイズのABCモデルが求められる。やみくもにABCを構築していたのでは，これまでの伝統的原価計算と同様に失敗する可能性が高い。まず必要なことは，その銀行の戦略を策定するのと同じレベルで，それを実行するためのツールとしてABCがあるとの認識で，その銀行の経営ルールを反映するモデルを，関係者でまずは合意してからはじめる必要がある。そうしなければ，細かいABCシステムの開発だけに終始してしまい，たとえ完成しても使えないABCになるといった最悪の事態を招いてしまうのではないだろうか。

　銀行原価計算は，1990年代後半にABCが適用されたことによって，銀行の収益，リスク，そして資本と整合性をもった責任会計が確立された。ABCによって取得原価ベースでの責任所在の明確化が実現された。今後は，優良顧客との良好な関係，有能なディーラーの確保，ブランド価値の向上，そして戦略的な新システムの開発といった短期的な期間損益にはあらわれない価値への投資を測定し，評価するための銀行原価計算が必要であろう。その際に有効なフ

レームワークとして考えられるのは，BSC（Balanced Scorecard；バランスト・スコアカード）である。銀行 ABC は，BSC と統合され，戦略実行やバランスのとれた業績評価，そして銀行の企業価値向上に向けて，さらなる研究と実務適用が進むと思われる。

注
1) インターネットやコールセンターにも専用の店番号を付与して元帳をもたす方法を実施する銀行もあるが，一般的な方法ではない。
2) 預金保険料は別である。預金保険料は平均残高に保険料率で算定するため，大手の銀行ではあえて平均残高を調整することもある。
3) ABC の基本については，Kaplan & Cooper（1998）を参考にされたい。本章では一般論よりも銀行業の議論に集中し，かつとくに銀行 ABC のケーススタディによって検討を行うこととしたい。
4) 当時の銀行の支店では，大企業／中堅中小／個人の顧客を区別することなく取引した。最近では，法人専門の支店や，個人の住宅ローン相談専門店なども現れているが，ほとんどの銀行の支店は従来どおりすべての属性の顧客を取り扱うようになっている。
5) 銀行では部署ごとに業務分掌が規定されており，それにあわせて人員の配置，動不動産などの投資，そして税金が支払われていることから，当該部署で行われる各業務は，ABC でいうところの活動と整合的であると考えられる。
6) 業務改善目的の ABC であれば，たとえば朝礼，昼食，日報作成といったレベルの活動も抽出されるものと考える。対して，経営レベルの活動とは，普通預金入金，システムバッチ処理活動など本来行うべき銀行業務のレベルの活動である。打合せや日報などは銀行業務遂行に必要なより細かいプロセスである。
7) テラーの活動を考えてみた場合に，ひとりのテラーが昼休みにどれだけの時間とっても経営管理上ほとんど関係ない。そのテラーにはもともと人件費がかかっていることには違いないし，その昼休みは，窓口ですばらしい笑顔を保つためといった本来の付加価値活動につながるものとも考えられるので，経営上の目的のために原価を算定する場合には，あえてプロセスレベルに細かく活動を分析しなくても大きな問題は発生しないと考えられる。
8) 顧客別原価は，当該顧客が所属する DC へ集計することで DC 別原価となる。
9) 単位原価のことを"単価"として説明する。
10) ここでは，「全体コスト＝チャネル原価＋商品原価」の構成で説明している。
11) 計画値に前期実績をもってくることは，計画は実績に対して"横置き"（同一額

とみなすの意）とするのと同じである。
12) コンビニ ATM の手数料算定などに利用された。
13) オペレーショナル・リスクとの関係について研究された。
14) ただし，最近の銀行員は，それほど極端な数字あわせにこだわる人は多くなくなった観もある。"木を見て，森を見ない"ということになってはならない。

第7章 ▶ 銀行の収益管理

はじめに

　銀行の収益は，預金や融資など金利と残高の積数によって算出される資金収益[1]がほとんどを占める。前章までに銀行管理会計の歴史をみてきたとおり，この資金収益についてもその計算単位や管理方法が相当に高度化してきた。銀行設立からバブル崩壊まで，預金利息は銀行原価計算を構成する経費のひとつとして処理されてきたが，1990年代後半のFTP（Funds Transfer Pricing；資金振替価格方式）では，預金利息は銀行原価計算の経費項目ではなく銀行収益計算のなかで市場レートを基準とするスプレッド（利鞘）[2]として処理されるようになった。その処理の内容について具体的に検討する。

　護送船団行政時代の銀行は支店の独立採算制を推進させ，そのための銀行管理会計の手法として本支店勘定振替利息制度が構築された。しかし，1990年代以降の金融の自由化とITの高度化にともない，徐々に支店のあり方が変化してきた。その結果，都市銀行の一部では支店はチャネルの一形態であるとの認識がもたれるようになり，支店長廃止や本支店元帳一元化さえ考えられるようになった。そうなると，それまで支店別の独立採算制を維持してきた本支店勘定振替利息制度自体の存在意義が揺らぎはじめた。

　さらに，顧客は支店と取引するのではなく銀行と取引しているとの意識へと変化し，支店別よりも顧客別に収益計算することが求められた。その要件からも本支店勘定振替利息制度では不可能で，1990年代後半から導入されたFTPによってより精緻な顧客別収益計算が行えるようになった[3]。

　本章では，護送船団行政下でほとんどの銀行で行われてきた本支店勘定振替利息制度の特徴についてまとめ，バブル崩壊後に大手銀行から導入が進んだ

FTP管理の内容と本支店勘定振替利息制度との違いについてまとめる。最後に，現状のFTP管理の課題をあきらかにするとともに銀行の収益管理全般の課題を整理することによって，これからの銀行収益管理の要件についてまとめてみたい。

7.1 本支店勘定振替利息制度

銀行では，支店で顧客から預金（資金）を預かり（調達し），その資金をもとに貸出を行う（運用する）ことで収益をあげる。すべての支店で預金金額と貸出金額が同額になるわけはなく，住宅の多い地域にある支店では預金金額のほうが貸出金額を上回り，オフィス街の支店では貸出金額のほうが預金金額よりも多くなる。そういった支店内の預金と貸出の差額は，本支店の間で本支店勘定科目を利用して資金の振替処理がなされた。このような財務会計上の処理から発展して銀行の本支店勘定振替利息制度が行われるようになった。

本支店勘定振替利息制度は，もともと本支店勘定への残高の振替が目的であったが，その残高の振替の際に一般企業の現金振替のように金利が付かない（0％）のは，銀行の場合には問題が生じる。すなわち，貸出を行う際には支払利息の発生するその支店の預金勘定よりも金利0％で支払利息の発生しない本支店勘定をもとに行うほうが得であるため，どうしても預金を集めない行動に向かいやすくなる。貸出原資の二重価格を防ぎ，預金を集める方向に進めるためには少なくとも本支店勘定にも預金と同じ金利を付与しなければならない。

そういった理由から，戦後には銀行の本支店勘定には金利が付与され[4]，本支店間では残高だけでなく，本支店間でも利息が発生させるようにしたのである。その本支店間の金利のことを本支店振替金利，本支店間でやり取りされる利息のことを本支店勘定利息，さらに，その本支店勘定に金利を付与して利息を振替える制度のことは「本支店勘定振替利息制度」と呼ばれた[5]。

管理会計の技法にあてはめて考えると，この本支店勘定振替利息制度は銀行

版の社内振替制度である。振替価格とは，銀行の場合にはストック商品の金利のことであり，金利を付与して資金を振替えることは，一般企業における振替価格の設定によって振替を行う制度と同じである。

次に，歴史的な変化とともに本支店勘定振替利息制度の処理内容がどう変化したかを具体的にまとめてみよう。

（1）差額法

最も原始的な本支店勘定振替利息制度は，預金（調達）超過の支店では調達が運用を超過した差額部分，または，貸出（運用）超過の支店では運用が調達を超過した差額部分を本支店勘定に計上して調達金利と運用金利の中間的な金利を本支店勘定振替金利として付与する方法であった。これが本支店勘定振替利息制度における「差額法」と呼ばれる方法である（図7-1）。

預金超過の支店からすれば，預金を伸ばすと「本支店勘定振替金利－預金金利」のスプレッドが与えられる。一方，貸出超過の支店では，超過金額部分については「貸出金利－本支店勘定振替金利」のスプレッドが与えられることになる。

この差額法は，計算が単純であったこともあって，少なくとも1950年代まではほとんどの銀行で採用されていた（矢本，1957，p.266）。その後，差額法はほとんど使われなくなり，1980年代にはほとんどが次節で説明する総額法に置き換わることになる。それは次の3つの問題があったからである。

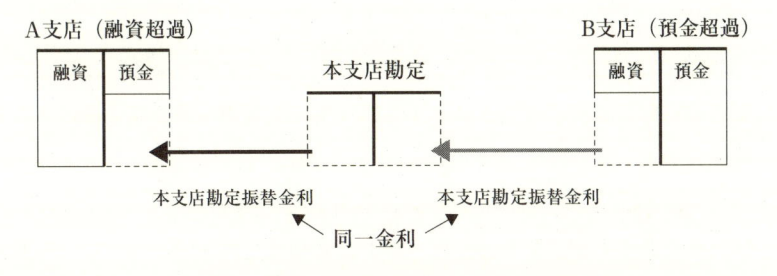

図7-1 本支店勘定振替利息制度（差額法）

① 貸出原資に支店内に自店の預金と本支店勘定の二物が存在することになる。差額法の本支店勘定振替金利は預金金利よりも高いため，積極的には本支店勘定をもとにした貸出が行われずに無理な預金集めなどが行われるようになる。

② ALM やリスク・コントロールは困難であった。その要因は次の2つがある。ひとつは，差額法ではすべての資金合計が把握できないために銀行全体の管理が不可能であったことと，もうひとつは同一の本支店勘定振替金利で管理されているために長期金利と短期金利が同一の状態，すなわち期間に関係なく一定の金利で管理されている状態であったことである。

③ 本支店勘定振替金利に時点の概念がないため，支店収益が変動する。つまり，いつ実行した貸出金であろうとまったく関係なく本支店勘定振替金利が変更される可能性があるため，そのたびに貸出金利と本支店勘定振替金利の差が変化してしまい，その金利差であるスプレッドもそのつど変動する。すなわち，支店の貸出は金利などの約定条件は変化していないのに，本支店勘定振替金利といった銀行内でやり取りされる金利の変更によって，支店の収益が増減してしまう状態であった。

（2）総額法

支店ごとの運用調達の差額ではなく，支店の貸出のすべては本支店勘定から調達し，支店で集めた預金はすべて本支店勘定で運用するとして，運用調達の総額を本支店勘定に振替えるのが本支店勘定振替利息制度における「総額法」である（図7-2）。総額法によって次の点が改良された。

① 支店内の預金と融資の差額分だけでなく，預金や融資の総額に対して本支店勘定振替金利が適用されるようになり，支店内の同一商品に対する適用金利が統一された。

② すべての支店の資金総額が本支店勘定とその振替金利によってコントロールできるようになり，金利リスク，流動性リスクのコントロールがある程度は実現され ALM 管理が高度化された。

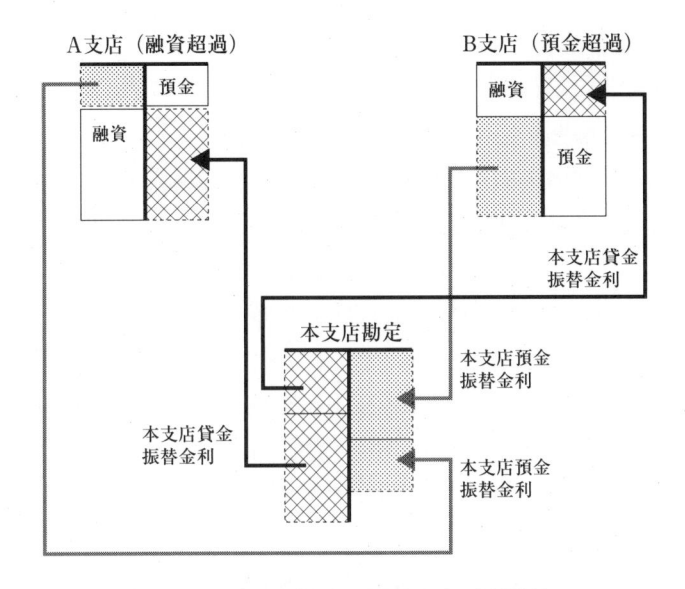

図7-2　本支店勘定振替利息制度（総額法）

③ 総額法では，銀行内すべての資金の振替が本支店勘定を通して管理できるようになるので，本支店勘定振替金利を長期と短期，変動と固定，法人と個人などに区別して複数設定することで，より差別化された対顧客向けの金利の設定ができるようになる。

ただし，総額法を適用したとしても本支店勘定振替金利の設定には時点の概念がなかったため，差額法同様に本支店勘定金利を変更するたびにそれと貸金や預金の金利の差であるスプレッドが変動して，支店の業績評価が一定しないという問題点は残されたままであった。そこで，次節のように本支店勘定振替金利にいつの時点かの属性をもたせて，支店別の業績評価を一定にさせる方法が適用された。

（3）総額法の詳細化

　総額法における振替金利の設定は，支店の業績評価がより厳密に把握できるように1980年代にかけて各銀行において高度化された。代表的な方法は，次の

フロー分離総額法と月別フロー分離総額法である。

① フロー分離総額法

預金や融資の取組時期が前期以前から継続しているものか，当期中に新規のものかを区別して本支店勘定振替金利の設定を行う方法である。この前期以前から継続して取引されている預金や融資についてはストック収益と呼ばれ，当期中に新規に約定実行された取引はフロー収益と呼ばれる。表7-1に，証書貸付のフロー分離総額法による本支店勘定振替金利設定の事例を示す。

ストックによる資金収益とフローによる資金収益にそれぞれ区別して設定された本支店勘定振替利息制度によって，当期中に新規に獲得された支店の収益を評価することができるようになった。すなわち，フロー分離総額法によって，"当期中に新規に獲得することによってあらたに計上されるようになったフロー収益"と"前期中までに契約して当期は継続的に収益が計上されるストック収益"とを区別して銀行の支店別業績評価が行えるようになった。

② 月別フロー分離総額法

フロー分離総額法をさらに詳細化して，当期中に新規に取り組む商品についてのフロー収益については月別に振替金利を設定する方式である。表7-2に示すとおり，ストック収益についてはフロー分離総額法と同じく1種類の振替金利で対応されるが，フロー収益については月単位で振替金利の設定を変えて，より厳密に当期中の支店別業績を算定しようとするものである。

この月別フロー分離総額法によって，支店の当期と前期までの業績を区別し

表7-1　フロー分離総額法による本支店勘定振替金利の設定例

取組時期	適用される本支店勘定振替金利種別	科　目	金利例
17年3月以前に契約され継続している商品	ストック振替金利	証書貸付	1.0%
17年4月以降に新規契約実行された商品	フロー振替金利	証書貸付	1.5%

表7-2　月別フロー分離総額法による本支店勘定振替金利の設定例

取組時期	適用される本支店勘定振替金利種別	科　目	金利例
17年3月以前に契約され継続している商品	ストック振替金利	証書貸付	1.0%
17年4月取組商品	フロー振替金利（4月分）	証書貸付	1.5%
17年5月取組商品	フロー振替金利（5月分）	証書貸付	1.6%
17年6月取組商品	フロー振替金利（6月分）	証書貸付	1.4%
17年7月取組商品	フロー振替金利（7月分）	証書貸付	1.2%
17年8月取組商品	フロー振替金利（8月分）	証書貸付	1.6%
17年9月取組商品	フロー振替金利（9月分）	証書貸付	1.7%

て把握するだけでなく，当期中の支店の業績をより厳密に把握できるようになった。すなわち，表7-2の例では，17年5月に3％で実行されたA支店の証書貸付と17年7月に同じく3％で実行されたB支店の証書貸付では，その取組時点での振替金利が異なるため，仮に1ヵ月間の収益で比較した場合には5月に実行したA支店の収益のほうが高いと評価ができるようになる。このような当期中の業績評価の厳正化は，それまでの総額法やフロー分離総額法では困難であった。

　しかし，この月別フロー分離総額法を適用したとしても，前期以前のストック収益が1種類の振替金利で評価されてしまうために，期をまたいだ場合の支店の収益は振替金利の設定いかんで支店の活動に関係なく変化してしまうことになる。たとえば，対顧客上の金利3％で過去10年間変わっていない証書貸付があった場合，月別フロー分離総額法を適用したとしても期が変わるたびにその本支店勘定振替金利のほうが変化してしまうことになる。対顧客金利3％にともなう貸出利息は一定である場合に，本支店勘定振替金利にともなう振替利息のほうが毎期変化するため，その差額である支店の収益が毎期変化してしまうことになる。そういった本支店勘定振替金利の変化により支店の収益がぶれてしまう課題を解決したのが，1990年代半ばに大手銀行から導入が進んだ次節のFTP管理である。

7.2 FTP管理

FTP (Funds Transfer Pricing；資金振替価格方式) とは，ALM管理の高度化を目的として口座ごとに異なる商品の単位や取組時期，期間，さらには金額や適用金利種別などの複数の単位で振替価格をきめ細かく設定して，口座の単位でその振替価格に対する当該商品の収益を計算する方式のことである。このFTP管理における振替金利のことを銀行では個別仕切り金利または個別仕切りレートと呼んでいる。FTP管理は，振替にともなって財務会計上の本支店勘定残高や本支店勘定利息額を実際に動かすことはしない。あくまでも管理会計上の社内振替処理にすぎない点が本支店勘定振替利息制度と異なる。

FTP管理は，当初こそALM管理高度化のための仕組みとされたが，FTPはALMそれ自体の機能というよりもALM管理のための基礎データの作成と収集の機能のことである。FTP管理は，内容的には銀行版のきめ細かい社内振替制度と考えられるものであり，銀行管理会計の範疇で捉えるべきである。また，ALM管理のためにFTP管理の目的のひとつには金利リスク見合いの損益を本部の財務部門などへ集中的に振替える点がある。以上のことから，FTP管理について筆者は，ALM管理から派生した銀行版の社内振替制度といった銀行管理会計の一技法であり，さらに金利リスクを考慮した収益管理と捉え，「銀行管理会計にリスク量が取り込まれた仕組み」あるいは「銀行管理会計とリスク管理の融合化」と主張する。

そこで，まずFTP管理の内容と本支店勘定振替利息制度との違いをまとめたうえで，FTP管理の課題について検討する。

(1) FTP管理内容

FTPについては，1994年にアメリカのWebb (1994) がまとめているが，そもそもの起源については文献上明確になっていない[6]。おそらく研究者が発案したものというよりも，銀行実務のなかで徐々に構築されたものと考えられ

る。

　Webb（1994）のまとめた当時は，普通預金など流動性の高い商品の個別仕切り金利が設定しにくいといったことも指摘されていた。わが国では都市銀行を中心に，1995年より適用が検討されて1996年には実際に実務への運用が開始された。地方銀行などへの適用は，大久保（1996）が国内でFTP管理を紹介する書籍を出版したことと，それにあわせたパッケージ・ソフトウェアの会社を設立して販売したことにより導入が進んだ。その書籍の題名が『スプレッド・バンキング』であったため，地域金融機関ではFTP管理のことをスプレッド収益管理と呼ぶことも多い。

　FTP管理とは，個々の取引の単位で，取引実行時点や金利種別，約定期間，金利更改期間，金額階層などの様々な取引属性に応じて最適な振替金利を設定するものである。一般に，銀行は預金商品によって"短期で（顧客から）借り入れ"を行い，それを原資にして"長期に貸し出す"ことで資金収益をあげる構造である。それは図7-3のとおり，短期金利と長期金利の関係が，一般的には順イールド（長期金利＞短期金利）[7]の金利関係となることを前提としている。つまり，「個別商品ごとに期間に応じた金利」を振替金利に適用することによって，より精度の高いスプレッドの算出が可能となる。

　さらに，FTP管理は約定期間満了（満期到来）までスプレッド収益を保証

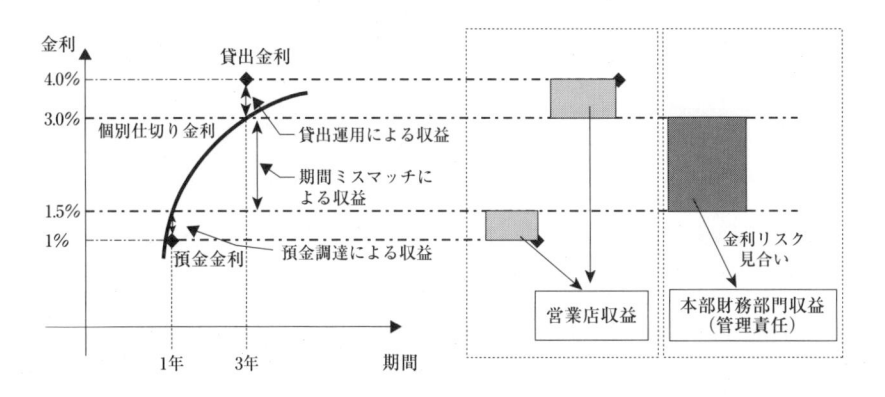

図7-3　FTP管理のイメージ[8]

する考え方を採用するため，支店別収益から金利（変動）リスクが排除された構造となる。図7-3では，支店の収益は，預金が0.5％分のスプレッド収益（個別仕切り金利1.5％-預金金利1％）で融資が1％分のスプレッド収益（融資金利4％-個別仕切り金利3％）となり，融資と預金で適用される個別仕切り金利の期間の違い（期間ミスマッチ）による利息収益は1.5％分（3.0％-1.5％）の利息となる。

（2）FTP管理と本支店勘定振替利息制度との相違点

FTPは，本支店勘定振替利息制度をもとにして詳細化したものと考えることも可能である。実際に，ある地方銀行ではFTP管理のことを本支店勘定振替金利の複数化対応と考えて導入している。考え方によっては，フロー分離総額法により詳細に振替金利を適用することでFTP的な処理は可能である。しかしながら，本支店勘定振替利息制度とFTP管理は次の点で本質的に異なる。

第1に，本支店勘定は財務会計上の仕訳をともなうが，FTPは管理会計上の処理である。FTPでは財務会計上の実際の残高移動はとくに必要としない。

つまり，預金や融資をそのままの利息で管理するのではなく，個別仕切り金利に対する「スプレッド収益」の形で管理するようにしたものである。図7-3では，網掛けをした長方形のうち営業店収益と記す部分の収益である。本支店勘定振替利息制度では，「融資利息-預金利息」で営業店の最終的な収益が算出されることから，預金利息は原価計算で管理される項目であった。FTP管理では，銀行管理会計上はすべての商品がスプレッドで管理されるために，財務上の預金利息額を原価計算で管理する必要はなくなった。預金利息は過去から現在において銀行にとって最も大きな費用項目である。その預金利息が，銀行管理会計においては通常の費用とは区別されて原価計算のなかでは管理されなくなったという点は，歴史的にみて非常に大きなトピックであると考えられる。

第2に、本支店勘定振替利息制度は本支店間の業績評価目的の振替制度であるのに対して、FTPとは銀行と顧客との間や本部財務部門と営業部門との間の収益性把握や業績評価を目的とした振替価格制度の意味が強い。FTP管理によって支店別の業績評価を行うことも副次的には行われるが、主たる目的というわけではないと考えられる。FTPの目的はALM管理のためであり、本支店勘定振替利息制度の目的はもともと銀行の支店独立採算制にあったことからもそのように分析されよう。

第3に、本支店勘定振替利息制度ではリスク管理はまったく考慮されていなかったが、FTP管理の目的のひとつには金利リスクの分離がある。図7-3では、期間ミスマッチ収益（いちばん右の長方形）の部分が金利リスク見合いの損益である。図7-3ではその部分は本部財務部門へ振替える事例とした。支店では顧客に対しての金利交渉は可能であるが、個別仕切り金利をコントロールするための市場に対するオペレーション手段は支店にはない。FTP管理によって、金利リスク見合いの損益はヘッジ等金利リスクのオペレーション手段をもつ専門部署である本部財務部門へ振替えられる。本支店勘定振替利息制度をより複数化するなど対応を施すことで、金利リスクに見合う振替利息を管理することもできるかもしれない。しかし、それは結果的にたまたま似たような処理が行えるだけであって、本来の目的にリスク管理が考慮されていなかった点から考えても、本支店勘定振替利息制度とFTP管理との根本的な違いとして認識しておくべきである。

以上のとおり、FTP管理は、本支店勘定振替利息制度の詳細版とは本質的には異なるものである。FTP管理は、銀行に管理会計制度として社内振替制度が導入されたものとみなすことができる。

（3）FTP管理の課題

銀行の商品のほとんどが市場金利ベースで対顧客金利を設定できるものではなく実際には営業実務上の金利設定とならざるをえない。それは、市場金利をそのまま個別の振替金利に適用するのでは、逆に金利の変動が支店の業績に影

響することと同じである。反対に，FTP管理の個別仕切り金利を業績評価や収益管理目的で設定された場合には，ALM目的では十分に機能できなくなるおそれがある。

FTP管理を導入してもうまく機能していない銀行も存在しており，ある第二地方銀行ではFTP管理を十分に運用できないとして，本支店勘定振替利息制度に戻すところもある。田中（1999）は，FTP運営に関する課題を次のとおりまとめている。

① 1種類の個別仕切り金利では，ALMと支店別業績評価の2つの目的が達成できない。
② 運営するのに相当なノウハウを要し，とくに営業現場への教育が困難である。
③ 口座単位で異なる個別仕切り金利を設定し，スプレッド収益を算定することになるので，システム規模が非常に大きくその開発コストが莫大となる。

開発コストが莫大で，運用も十分にできないようなFTP管理を銀行横並び感覚で実施したところで，ALMと業績評価の両方ともに満足する考え方も簡単ではないということから，地方銀行の一部でFTP管理の導入に躊躇したり，導入不要と判断したりする銀行もある。

一方，大手銀行ではさらなる投資を行って，個別仕切り金利を「ALM用」と「支店別業績評価用」の2種類で運用するケースもある。その場合には，その2種類の個別仕切り金利の差額スプレッドをどこがもつかといった議論になるが，営業本部など支店を管理統括するセクションにおける支店別業績評価用の個別仕切り金利設定責任とそのリスクに見合う収益として計上される運営が多い。最近では，1つの商品に対して複数の目的からなる個別仕切り金利を設定する方法は，大手銀行では当然のように適用されている。大手銀行ではこのようなFTP管理のことを「個別仕切り金利の複数化対応」と呼ぶ[9]。

そうすることによって，ALM用の個別仕切り金利は，あくまで市場金利をダイレクトに反映して，理論的にも実務的にも金利リスクが財務部門で集中し

第7章 銀行の収益管理　157

て管理できるようになる。一方，支店別業績評価用の個別仕切り金利によって顧客営業用場面に則し，妥当な支店別業績評価が実施されるようになる。とくに，営業本部がALM用の個別仕切り金利を購入してリスクをもって支店に支店別業績評価用個別仕切り金利を振替えている構造になり，さらに営業拡販用のインセンティブ金利を加味することも可能となる。ただし，複数の金利によるFTPの適用は，精度と努力のトレードオフであると分析されている（Webb, 1994）。

　大手銀行では，この2種類の個別仕切り金利をさらに詳細化して，信用リスク，保証料，預金保険料なども取り込んだ複数種類の個別仕切り金利を設定することによってスプレッド収益を把握している。収益管理用個別仕切り金利を設けることで，支店へのインセンティブ・コントロールも可能になる。ある商品をより推進する場合には，営業本部は一定期間，意図的に低い（マイナスもありうる）個別仕切り金利を設定し取引拡大をねらうことなどが可能である。図7-4に，2種類の個別仕切り金利の仕組みについて貸出金を例にしたイメージを示す。

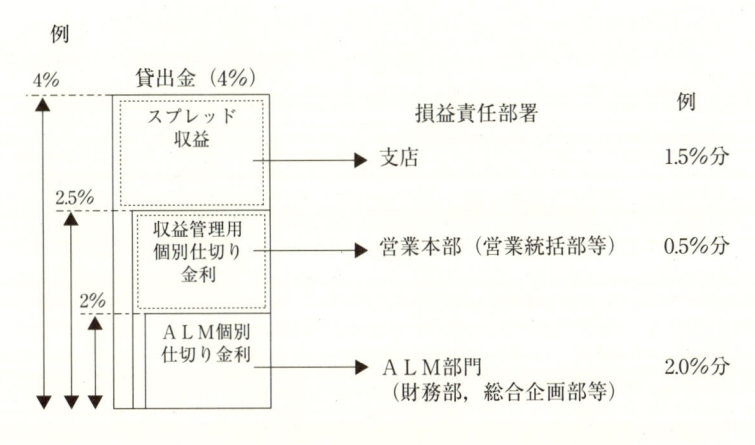

例　貸出金（4%）	損益責任部署	例
スプレッド収益	支店	1.5%分
収益管理用個別仕切り金利	営業本部（営業統括部等）	0.5%分
ALM個別仕切り金利	ALM部門（財務部，総合企画部等）	2.0%分

（4%／2.5%／2%）

図7-4　貸出金の複数種類の個別仕切り金利設定例

7.3 銀行収益管理の現状の課題とこれからの方向性

バブル崩壊の予兆や不良債権処理に対して，本支店勘定振替利息制度では，ほとんど対応ができなかった。1990年代半ばに大手銀行にFTP管理が導入された。FTP管理は，金利リスクの概念をもつ期間別の個別仕切り金利を導入したものであるが，いまバブル崩壊と同じ状態が発生した場合にはたしてそれで予見できるであろうか。

こういった問題意識から，現状の銀行収益管理の課題をまとめて，これからの要件を検討することとしたい。

(1) 銀行収益管理の現状の課題

現状の銀行収益管理の課題を検討するにあたって，銀行収益計算方法の観点と，銀行の収益管理に対するリスク調整方法の観点の2つに分ける。まず，銀行収益計算方法の観点での課題について検討する。

① 銀行収益計算の方法に関する課題

銀行に限らず日本の企業では，期間損益によって収益性が評価されてきた。

銀行に適用される期間損益ベースの収益管理の計算方法には，一般に，約定利息による利息積数による計算か，未収利息や未経過利息などの経過勘定を実際に計算する収益計算の2つの種類がある。

約定利息計算による期間損益計算[10]：

　　（約定）収益V ＝ 平均残高×約定平均利率×期間

経過勘定計算による期間損益計算[11]：

　　（決算）収益V ＝ 未収利息－未経過利息＋実収利息－実払利息

　　　未 収 利 息 ＝ 平均残高×約定平均利率×期間内未徴収期間
　　　未経過利息 ＝ 平均残高×約定平均利率×翌期分期間

いずれの計算方法であっても期間損益ベースの収益管理の適用については，銀行経営にとって次の3つの利点がある。
- 期間損益合計が全体の財務会計数値と一致する
- 当期中の努力の成果として同一の基準で評価できる
- 業績が期間配分され，業績の波が平準化される

毎期決算作業を行い，収益を確定させて原価を配賦したのちに収益計算を行うといった期間損益ベースの収益管理は，現在もすべての日本の銀行において支店別業績評価や顧客別収益管理に適用されている。一方，現状の銀行の期間損益による管理会計は次の5つの課題にまとめられる。

第1に，期が完全に終わらなければ業績が分からない。換言すれば，営業を行っている期の途中[12]では，管理会計が十分に機能しないことを意味する。期の途中では営業戦略の立て直しができないことにもなる。実際には，銀行は良い意味でも悪い意味でも，期初に立てた予算がすべてに優先するという考え方を貫いているが，管理会計が期の途中で十分に機能しないために，営業担当者自らが数値による状況の確認と戦略の立て直しが十分に行えずに手を打てないこともある。

第2に，新規に契約を獲得してきたことに対して合理的で納得感の高い業績評価が困難である。とくに銀行では，資金収益，すなわち利息収入がほとんどを占めている。手数料ビジネスの強化とはいわれているが，大手銀行以外はM＆Aのような大きな手数料が入るサービスはあまりなく，為替手数料など伝統的なリテールサービスによるものに限られているため，なかなか手数料の収益貢献度合いをあげることは難しい状況にある。したがって，今後とも利息によるストック商売を続けざるをえないと思われるが，そうなると期間損益を把握するために一定の期間が常に必要になってくる。そのため，最初に契約をとってきた渉外担当者には，その契約時点では何も管理会計上の収益が計上されない。

たとえば，4月に優良先に大きな融資を契約した渉外担当者Aは，その時点では収益0である。期末をむかえて4月から9月までの資金収益が計算されて

はじめてその渉外担当者に業績として認識されるが、仮に4月末に転勤になっていた場合どうか。その場合、当初の契約には何も関係していなかった新任担当者Bの業績として認識されることになる。最近では渉外担当全員が、母店やブロック本部に集中されて特定の支店に所属しなくなる体制が多くなっているため、その場合の渉外担当の業績評価をどのように行えばよいのか。また、コールセンターなどチャネルでの業績をどのようにはかるのか。これらは、契約獲得に関する業績評価の問題と同様に、現状の期間損益ベースの収益管理ではまったく対応できない。

第3に、現状の期間損益ベースの収益計算では信用リスクを適切に業績反映できない。リスクとは本来、将来キャッシュ・フローの不確実性であるが、現状の銀行収益管理では、信用リスクはあくまで管理会計上の期中の信用コストとして差し引かれる。信用コストとして管理会計上差し引かれるということは、財務会計上の貸倒引当金と同じものであり、「管理会計上の貸倒引当金[13]」を期間損益に対する原価のひとつとして差し引くものと考えられる。しかし、本来的には信用リスクの予測損失額とは、将来の元本回収だけでなく利息徴収の不確実性も含む債権満期までのキャッシュ・フローすべての現在価値である。したがって、当期だけをみて評価するのではなく、債権の将来価値を評価しておくべきである。

第4に、期間が業績にあらわれない。この課題については、銀行などストックで収益をあげるビジネスにおける重要な課題である。たとえば、2人の渉外担当者が、新規で同一元本と利率、同一の返済条件の証書貸付を同じ格付の取引先と契約してきたとする。ただし、期限がひとつは5年後、もうひとつは1年後である。現状の期間損益では1年後の収益性はまったく同じである。本来この条件であれば、5年の証書貸付を契約したほうにより高い業績の評価を行わなければ妥当な業績評価とはいえない。

第5に、結果の会計情報でしかないために、タイムリーに適切な手を打てない点がある。戦略策定と実行、およびマネジメント・コントロールのための情報提供の役割が管理会計であり、過去の分析だけでは対応が不可能であること

はあきらかである。過去の期間損益に関する実績だけで意思決定と業績評価がなされるといったこれまでの銀行管理会計は，評価の面ではどちらかといえば結果を評価するためだけのものである。本来は，企業内部の経営のための会計情報であるから結果だけでなく，途中の状況がタイムリーに把握でき，将来や期末に向けて，戦略を見直すための管理会計であるべきである。そのためには，現状の銀行で行われている過去の期間損益ベースの管理会計だけでは不十分である。

以上の観点は，これまでの銀行管理会計が財務会計データを細かく細分化したものにすぎないことに起因していると考えられる。銀行実務の現場では，財務会計のデータをもとに管理会計の計算が行われなければならないといった思い込みもあるように思える[14]。財務会計と管理会計の目的の違いを考えればあきらかなように，財務と管理の合計が一致しなければならないといった考え方は銀行管理会計にとって必要条件ではなく，財務会計の確定を待って銀行管理会計を行っていたとしたら経営の意思決定に間に合うものにならないであろう。すなわち，銀行管理会計の目的のひとつは銀行経営における"意思決定時点での"その決定への支援であるが，そのときの意思決定の結果が反映された財務会計のほうが銀行管理会計よりも先にあらわれることはない。

しかし，まったく財務会計とかけ離れた根拠のないデータによって，管理会計を行うといった極端なやり方が実務上の常識から行われるはずはない。反対に，財務会計と管理会計の一致が最優先されるべきといった考え方もまた誤りである。検証や監査のやりやすさと，単に合計があっていることで全体がみえているような錯覚からくる手段優先的な考え方は誤りである。

② 銀行収益管理に対する信用リスクの調整方法の観点での課題

バブル崩壊後に信用リスクを取り込んだ銀行収益管理の課題について検討してみよう。バブル崩壊までは，信用リスクについては，財務会計上の貸倒引当金が計上されていなければ認識されなかったため，貸出債権の悪化を知る手段がなかった。しかし，バブル崩壊後の銀行管理会計では，顧客別に期待損失額

を算定したものを管理会計上の貸倒引当金（以下，信用コストと称す）とみなして，それを原価とあわせて収益性を把握する方法にまで高度化された。

顧客ごとの信用コストは，まずVaR（Value at Risk；バリュー・アット・リスク）によって当該顧客の信用リスクを計量化することで，その期待損失額（平均的に損失する金額；Expected Loss）として算出される。それを原価と同様に収益から差し引くことで顧客単位や支店単位の信用コスト調整後利益が算定される。さらに，大手銀行ではその信用コスト調整後利益をもとにして約定金利を変更して信用リスクに応じた金利設定を行うなど信用リスクに応じた金利（価格）設定にまで高度化している。しかし，このような信用リスク調整後の利益管理方法や信用リスクに応じた金利設定では次のような課題がある。

第1の課題は，信用リスクに応じた金利設定を行う場合に，過去のそれも直近の期間実績だけをみて判断されている点である。本来の約定金利とは，時間の経過とともに将来のキャッシュがどう発生するかを銀行と顧客が契約を交わした貸出条件である。過去しかみていないのでは，企業を育てるバンカーとしての融資は不可能である。過去の実績や，いまの担保状況しか判断されないのであれば，バブル期と変わらなくなるおそれがある。新興ベンチャーやあたらしいソフトウェア開発企業など，資産や実績をもたない企業への融資が行えるような将来の信用リスクを加味した金利設定のための管理会計情報が必要である。

第2に，期末または直近の一時点で査定された結果をもとに信用格付がなされ，信用リスクが設定されている点である。そのため，収益や原価については期中の平均残高や異動を反映した積数の考え方で行われているのに対して，信用コストの計算が期末の一時点の状態で行われる場合には，期中の信用状態の変化が十分に反映されない。期中の信用リスク・プレミアムの異動を把握して，その積数である信用コストを算定するためには自己査定を頻繁に行う必要がある。

第3に，信用状態が変更になった場合に期末の業績を待たなければ会計上判断できない点があげられる。すなわち，現状の期間損益ベースでは，期中に担

保価値の減少，市場の動向によりデフォルト率が高くなった場合，または当該企業の信用にかかわる情報がはいった場合などにタイムリーに顧客の収益状態に反映できない。そのため，銀行の現場の営業担当者は期末にならなければ顧客の信用状態の悪化が把握できずに，早期に金利の交渉や債権引き上げなどの活動を行うことができない。

バブル崩壊までの収益管理手法にくらべて格段に向上しているものの，前述のとおり，信用コストは銀行の収益や原価と十分に整合性がとれているとは言い切れないうえ，過去の特定期間のデータでしかないなどの課題を抱えている。そこで，以上の銀行管理会計の課題に対して，銀行にとっての現在価値ベースの収益管理についての効果性をまとめる。

(2) 現在価値ベースの収益管理

これまで支店長や渉外担当者の財務上の業績評価は，獲得した商品の当期中の期間損益で判断されてきた。これには，銀行の担当者は従来から違和感をもっていた。たとえば，渉外担当者の業績は，契約をとってきたこと自体で評価されるべきものであって，そのあとのメンテナンスの評価は，事務行員やシステム運用に対して行われるべきである。もしも，新規で契約をとってきた担当者がすぐに異動になれば，次の担当者のほうにその契約の業績が評価されてしまうことになる。過去の戦略と行動の責任について，獲得に関与していない今の担当者が評価され，恩恵にあずかる状態となっている。

なぜ，期間損益で業績評価が行われてきたのであろうか。それは，その業績評価の計数の合計値を銀行全体の財務計数と一致させたいがためである。銀行管理会計の本質は，企業価値が向上するようにマネジメントすることと考えられるが，逆に銀行管理会計によって行員のやる気を失わせては何もならない。

① 現在価値ベースの収益管理の必要性

銀行では，先に述べたとおりストック商品が非常に多く，過去から実施されてきた期間損益ベースの収益計算ではそのなかの含み損益や不良化する予兆が

十分には認識できなかった。そこで，筆者は，銀行経営にとっては，次の3点の理由から期間損益ベースの収益管理だけでなく，現在価値ベースの収益管理が必要であると考える。現在価値ベース収益管理とは，DCF（Discount Cash Flow；キャッシュ・フロー割引計算）法を適用して現在価値の変動額を求めることで損益を把握するものである[15]。

第1に，銀行のストック商品には金利，残高，期間などの約定条件が新規契約時に決められており，その契約時点で期間満了までの利息額のキャッシュ・フローが分かっている。銀行営業担当者の新規の融資やローンなどストック商品の業績評価とは，獲得した契約条件にもとづくキャッシュ・フローの現在価値の増加分と考えられる。

第2に，投資家向けの情報開示の影響である。投資家は，過去の実績である期間損益だけでなく将来生み出されるキャッシュ・フローの価値や，いま現在の市場価格を求める。減損会計など一部には時価会計が制度化され，2000年末に日米欧主要9ヵ国[16]の会計基準設定機関（JWG）が全面時価会計[17]の基本的合意を提案するまでになった。

財務会計は，株主のための配当可能利益算定の目的が第一であるが，最近では投資家のための開示[18]との意識が強くなってきている。財務会計情報によるディスクロージャーの手段として時価の概念，すなわち公正価値（fair value）概念が取り込まれてきている。トレーディング勘定や貸倒引当金の算定などへの時価会計（金融商品に係る会計基準，1999）の導入や減損会計など財務会計の立場では公正価値で測定する方向にある。

現状では，このように市場や投資家といった銀行外部のステークホルダーが，銀行の現在価値情報を盛んに求めている。それに対して，銀行内部の頭取・社長や経営者は，外部のステークホルダーよりも自行の企業価値情報を知っているべきである。そういった意味からも，銀行管理会計フレームワークにおいても現在価値ベースの収益管理の適用が必要である。

第3に，リスク量の組み込み方法に関する点である。銀行では国際的なBIS規制によってリスク量と自己資本の開示が求められているが，現在の信用コス

トを収益から差し引く方法では十分にリスク管理と管理会計が統合したとはいえない。すなわち，本来のリスクとは元本と利息による将来のキャッシュ・フローの変動である。DCF法の割引率にリスク・プレミアムを加味する方式によってはじめてキャッシュ・フローの変動が現在価値として金額にあらわされる[19]。

② 現在価値ベースの収益管理の計算方法：DCF法

現在価値ベースの収益管理を行うためには，市場価格のない預金や融資・ローンの場合には，DCF法による将来キャッシュ・フローの割引現在価値の算定が適用される。DCF法によれば，含み損益や不良債権の実態価値の評価によって将来的なリスクが収益計算に取り込まれる。DCF法によって，より密接にリスクと管理会計は統合され，筆者の提唱するリスク管理と管理会計の統合化フレームワークである「金融管理会計」が実現される。

DCF法とは，従来から管理会計やファイナンスにおける投資分析の目的でおもに利用されている。次の式のように，将来受け取る予定のキャッシュが現在でみればいくらの価値があるかを計算するものである[20]。

現在の価値をV_0，将来のt時点での価値をV_tとすると，

$$V_0 = V_t / (1+r)^t$$

であらわされる。

毎期，利息やクーポンなどのキャッシュ・フローがある場合には，期間別の割引キャッシュ・フローの合計として計算される。

$$V_0 = \sum V_t / (1+r)^t$$

毎期一定であれば，

$$V_0 = V((1+r)^n - 1) / r(1+r)$$

となる。

次に，現在価値ベースの収益管理の特徴と効果についてまとめる。

③ 現在価値ベースの収益管理の銀行経営に対する効果

銀行経営にとって，現在価値ベースの収益管理を適用することで次の3点の効果をあげることができる。

第1に，収益とリスクの算出期間が"現在"に統一され，期間的なズレが発生しない。信用リスクとは将来のキャッシュ・フローの期待損失であるが，銀行管理会計においては伝統的な財務会計の期間損益計算という呪縛にとらわれ，信用リスクは信用コストとして収益から差し引かれていた。現在価値ベースの収益管理は，それとはまったく逆の発想を行って，信用リスクが将来の不確実性であることから，それをカバーする業務純益も将来のキャッシュ・フローで把握するというものである。したがって，収益と信用リスクそれぞれが将来キャッシュ・フローの割引現在価値で計算されることになり，損益計算を行う時間軸において整合性がとれるものと考えられる。

第2に，現在価値ベースの収益管理は過去の一期間の実績を測定するものではなく，これからの収益性を計量化することでいま現在の企業価値を測定される。前述のとおり，投資家は企業価値をみようとしている。企業価値を評価する指標のなかの財務に関する指標は，単なる過去直近の一期間の期間損益では十分ではない。銀行経営者が市場に対する銀行の企業価値向上を目指すには，市場や投資家のものさしと同じ目線で経営戦略の策定を行うべきであり，そのためには現状の企業価値の可視化を行う現在価値ベースの収益計算は有効である。

第3に，新規の契約時点でこれまでよりもより実態に則した形で業績を評価できる点がある。これまでは，渉外担当者Aが新規に契約を獲得したとしても一定期間内にその担当者が所属するあいだの期間損益は業績上評価されうるが，仮に期中に異動になった場合には，業績は次の後任者Bに引き継がれることになる。所属する支店についても同様に，移管前に獲得した収益がそのまま評価されずに，移管後の支店に収益が付け替えられることになる。本来，最初

第 7 章　銀行の収益管理　　167

に契約を獲得するまでの活動と，契約をとったあと，それを履行する活動に分かれる。しかし，期間損益は単に期間で分けたものにすぎず，活動の成果と責任に見合った損益評価になっていない。銀行の期間損益ベースの収益計算による業績評価では，担当者の活動に対する評価には十分に活用できないのではないかと思われる。

　現在価値ベースの収益管理であれば，新規に獲得してきた契約の満期までのキャッシュ・フローをすべて計算し，それを現在に割り引くことで現在価値とするので，獲得した担当者の業績を適正に評価することができる。一方で，契約を履行する立場の事務担当者やバックオフィスの担当者の評価は，その債権の価値を維持することで評価される。すなわち，当初より金利リスクや信用リスクが高くなって，現在価値が低くなった分を損益として業績評価する。まさに現在価値ベースの収益管理によって，妥当な納得感の高い業績評価が実現できる。

④　銀行における期間損益ベースと現在価値ベースの収益計算事例

　期間損益ベースと現在価値ベースの計算方法の違いと損益影響について実際の例をもとに検討する。

　表 7-3 の例は，元本 100 億円の融資を金利 5 ％，期間 5 年で契約した場合の期間損益と現在価値の比較を行う。ただし，契約翌年の 2 期にはいる前に信用リスクが 1 ％悪化し，その翌年の 3 期にはいる前にその信用リスクによる支店スプレッドをカバーするために事務の効率化を図り原価率を下げているとした例にしてある。

　結果については，期間損益ベースの支店スプレッドは表 7-3 の A に示し，現在価値ベースの支店スプレッドは B に示す。これから分かることは次の 3 点である。

　第 1 に，収益計上時点が異なる。期間損益ベースとは発生主義であるため，期の時間経過をもって収益が計上される。一方で，現在価値ベースでは，新規契約や，信用状態の悪化，事務の効率化といったビジネス・イベントのタイミ

表7-3　期間損益と現在価値の損益把握の比較

元本100億	
金利5％	（＝営業店スプレッド2％＋リスクフリー1％＋信用スプレッド1％＋原価率1％）
期間5年	

		新規実行▽				完済▽		
		現在	1期末	2期末	3期末	4期末		合計
元本		▲100					100	0.0
期間損益		0	5	5	5	5		20.0
キャッシュ・フロー（CF）		▲100	5	5	5	5	100	20.0

								合計	
現在	当初約定	100						100.0	①
1期末PV	5％		4.8	4.5	4.3	4.1	82.3	100.0	②
2期末PV	5％			4.8	4.5	4.3	86.4	100.0	③
3期末PV	5％				4.8	4.5	90.7	100.0	④
4期末PV	5％					4.8	95.2	100.0	⑤
	割引現在価値計算								
当初の価値創出	割引率	▽（当初）割引率3％＝リスクフリー1％＋信用スプレッド1％＋原価率1％							
0期末割引現在価値	3％		4.9	4.7	4.6	4.4	88.8	107.4	⑥
信用状態悪化による損失	↓	▽割引率5％＝リスクフリー1％＋信用スプレッド2％＋原価率2％							
1期末割引現在価値	5％			4.8	4.5	4.3	86.4	100.0	⑦
事務部門の原価低減効果	↓	▽割引率4％＝リスクフリー1％＋信用スプレッド2％＋原価率1％							
2期末割引現在価値	4％				4.8	4.6	92.5	101.9	⑧
3期末割引現在価値	4％					4.8	96.2	101.0	⑨

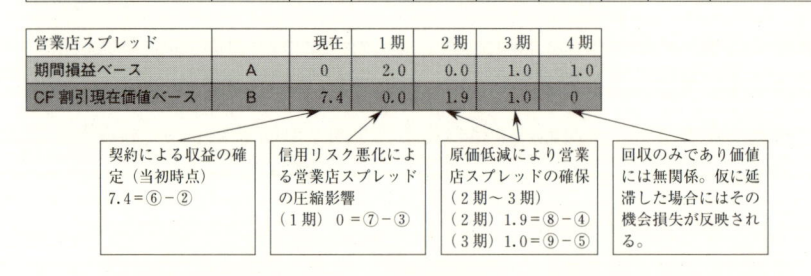

営業店スプレッド		現在	1期	2期	3期	4期
期間損益ベース	A	0	2.0	0.0	1.0	1.0
CF割引現在価値ベース	B	7.4	0.0	1.9	1.0	0

契約による収益の確定（当初時点）
7.4＝⑥－②

信用リスク悪化による営業店スプレッドの圧縮影響
（1期）0＝⑦－③

原価低減により営業店スプレッドの確保
（2期～3期）
（2期）1.9＝⑧－④
（3期）1.0＝⑨－⑤

回収のみであり価値には無関係。仮に延滞した場合にはその機会損失が反映される。

　期間損益は発生主義のため、契約時点や信用リスク悪化時点などによる収益悪化がタイムリーに反映されず、含み損益を抱える状態になる。
　それに対してキャッシュ・フロー割引現在価値ベースの損益は、ビジネス活動や債権信用状態変更時点でその損益影響がタイムリーに反映され、より実態をあらわしている。

ングにあわせて損益が計上される。財務会計的にどちらがということよりも，本章では銀行管理会計としての価値を検討する。銀行管理会計情報は，経営意思決定に資する会計情報でなければ役に立たないとすれば，現在価値ベースの損益のほうが，市場環境，顧客の状態，そして企業戦略の変更が遅滞なく反映されることから，経営の意思決定には有益である。表7－3での期間損益の把握は，現在価値の損益把握に遅れること1年である。事務の効率化など施策の収益に対する効果にタイムラグがあることは評価上大きな問題である。施策の効果が期間損益上あらわれてくる1年も前の効率化施策を実行した直後に，その事務効率化総責任者である事務部門長は異動になっているかもしれない。

　第2に，期ごとの損益は，期間損益ベースの場合には期間配分された当期損益であるが，現在価値ベースの損益は包括利益概念で計算された損益である。これによって，当該債権の価値を含み損益なく把握することができる。管理会計の重要な目的である業績評価について，期間損益ベースでは渉外担当者の契約活動に対する評価ができない（表7－3では0で計上されている）。

　第3に，期間損益ベースの損益は"収益費用アプローチ[21]"にもとづき，現在価値ベース損益は"資産負債アプローチ[22]"となっている点がある。銀行では，前章までに検討したように，当期の信用コストを適用することによって，信用状態の悪化について期間損益ベースでも1期遅れで反映される。それに対して，資産負債アプローチの現在価値による損益は，信用状態の悪化を割引率に織り込み，変更があった時点で損益の影響額が算定される。これは，債権に減損会計が適用されたものと考えることができる。

　これまでの銀行収益管理では，タイムラグはあるものの期間損益ベースで当期のリスクを織り込んだものとなっている。しかし，理論的には包括利益概念にもとづく将来キャッシュ・フロー割引計算による現在価値ベースの損益のほうが意思決定や業績評価の面でよりすぐれている。

　以上のように，将来キャッシュ・フロー割引計算の現在価値ベース変動損益のほうが銀行にとってはすぐれた収益管理と考えられるが，導入にあたっての課題は実現性と実効性である。

期間損益計算は対顧客の利息計算と同じく積数の計算による。しかし，前述のとおりDCFの計算式は複雑で導入しにくいと思われがちである。たしかに，数年前の環境では困難であったが，最近のコンピュータの計算速度向上によって実現は容易なものになっている。約定金利，信用リスク・スプレッド，原価率などをもとに個別に積数を計算するのと，それらを織り込んだ割引率（資本コスト）による年金原価率を用いて一度に計算するのと，IT技術の進んだ現在においてははたしてどちらの計算が楽なのか判断しにくい時代となっている。IT技術の進展によって，銀行における現在価値ベースの収益管理の実現性は高くなっている。

実効性の問題については，わが国の銀行経営者や企画担当者は澁澤栄一の第一国立銀行設立以来，期間損益にもとづく銀行の経営や営業がこれまでずっと行われてきたことと，銀行外部のステークホルダーのうち株主や投資家以外の銀行協会や金融当局などは，やはり従来どおり期間損益ベースの収益管理に慣れ親しんでいることから，すぐにすべて現在価値ベースに置き換わると考えるのは現実的でない。過去の実績を把握するという意味でも，期間損益ベースの収益管理が必要であるし，妥当な獲得ベースの業績管理や将来的なマネジメント・コントロールのために現在価値ベースの収益管理も銀行経営にとっては必要であると考えるべきである。

おわりに

護送船団行政下で推進された銀行の支店独立採算制を行うための本支店勘定振替利息制度の内容と進化の状況を検討した。本支店勘定振替利息制度は，銀行内の支店別業績評価には役に立つものであったが，金融の自由化と国際化によって護送船団行政が崩壊すると同時に銀行経営は支店管理よりも顧客管理のほうに比重が移り，次第に本支店勘定振替利息制度では十分ではなくなっていった。

1990年代後半，都市銀行を中心にして本支店勘定振替利息制度に代わり

FTP管理が相次いで導入された．FTP管理はもともとはALMの高度化のための仕組みであったが，内容的には銀行版のきめ細かい社内振替制度である．FTP管理は，最小の管理単位である口座の単位で振替価格（個別仕切りレート）を設定し，その振替価格に対する預金や融資の商品別スプレッド収益を算出する．さらに，それぞれのスプレッド収益は営業店分と金利リスクを管理する財務部門分とに明確に区分される．本章では，FTP管理の効果や本支店勘定振替利息制度との違いをまとめ，さらにFTP管理の現状の課題を検討した．

次に，大手銀行で一般化した当期の信用リスクの期待損失額を信用コストとして原価と同じように収益のマイナス項目とする，バブル崩壊後の銀行のパフォーマンス理論の有用性や実効性と課題をまとめた．その課題に対しては現在価値ベースの損益計算が有効であることを検討した．とくに現在価値についての理論とその具体的な計算の仕組みについては，従来の期間損益と比較しながら検討を行い，実際に事例を検討することで効果について検証を行ってきた．

銀行は，バブル崩壊によって不良債権処理が最大の課題となった．不良債権を処理するということは，過去の不良債権を回収や償却するということだけではなく，今後増やさない，発生させないといった経営の仕組みが重要である．その仕組みは銀行管理会計によって，意思決定や業績評価に適用することによって実現されなければならない．不良債権発生を食い止めるには，信用リスクが債権の価値に会計的に反映されることが最も直接的であり，営業活動に対する影響効果が高い．

これからは，よりビジネス的な価値を与えるために，過去の業績に信用リスクが加味されているということだけではなく，いま顧客の信用状態が変化したことによって，これからのキャッシュ・フローがどう変化し，減損するのかといった機会損失を計算する会計が求められている．それを計算するのが，DCF計算であり，現在のIT技術によって比較的簡単に実現できるようになっている．今後は，期間損益で過去の実績を的確に把握して，財務会計とも整合的に

したうえで，さらに現在価値ベースの収益計算によってよりタイムリーに将来のリスクを勘案した収益性管理を行うことで，より早期かつ適切な銀行経営の意思決定や戦略の創発が可能になるであろう。

注
1) 融資やローンの受取利息のことである。一般企業では営業外収益費用の項目であるが，銀行では本業にあたる収益項目である。
2) スプレッドとは金利差のことで，運用金利と調達金利の金利差の場合には，利鞘と同義である。運用金利によって計算される運用利息（たとえば貸出利息）は銀行にとっての収益であり，調達金利によって計算される調達利息（たとえば預金利息）は銀行にとって費用となる。そのケースの場合，まずその運用金利と調達金利の金利差であるスプレッドをもとに利息計算を行うことで，スプレッド利息またはスプレッド収益が算出される。「スプレッド利息＝運用利息－調達利息」の関係がある。
3) FTPの実現や顧客別収益計算が可能になったのは，1990年代後半からの高速なCPUや安価で大容量のDBを備えたオープン系システムの登場といったITの高度化の要因も大きい。
4) 矢本 (1957, p.269) にも1946年（昭和21）にはすでに富士銀行（現 みずほ銀行）で総額法による本支店勘定振替利息制度が行われていた旨述べられている。
5) 本支店勘定に金利が付与されるようになった点については，矢本 (1957, pp.265-271) に詳しい。
6) 2001年にDeville (2001) の文献が発表された。ただし，内容的には銀行実務で標準的に適用されるFTPの仕組みのまとめと紹介を行っているものである。
7) イールド・カーブとは金利の期間構造をあらわす。X軸を期間（残存期間），Y軸を利回りとして，期間に対応する利回りをプロットして，その点をつなぎ合わせて描かれる曲線のことで，利回り曲線とも呼ばれる。順イールドとは，短期金利＜中期金利＜長期金利の関係となるイールド・カーブのこと。一般的には，貸出期間が長いほど信用リスクにさらされている期間が長くなる。すなわち，期間が長いほど危険負担が増してその分金利は高くなる構造となるというのが順イールドの関係の意味。
8) FTPの仕組みは，第4章の図4-3も参考のこと。
9) 筆者が2000年まで在籍したさくら銀行（現 三井住友銀行）では，「仕切りレートの複数化」と呼んでいたが，ある地方銀行では，複数スプレッド法やスプレッドの目的別化と呼んだりしていたのを記憶している。
10) 計算が容易であることから，システム対応負担も少ないため，都市銀行以外の銀

行ではすべてこの計算方式で収益計算される。この収益計算を行う銀行であっても財務会計上の計算は，当然ながら経過勘定を計算したうえで損益計算書を作成する。
11) 都市銀行の一部で"決算ベース収益"といった呼び方で毎月支店別に計算されていた。この利点は財務会計上の損益計算書のための基礎数値として利用可能であることである。すなわち，財務会計と管理会計の収益管理の作業やシステムを同一にすることができるといったメリットがある。一方，支店では経過勘定の算定と報告などいわゆる決算作業を毎月行わなければならず，そのための事務作業の手間が相当にかかってしまい，支店の負担感が大きくなるデメリットがある。
12) 2004年度より四半期決算が義務付けられた。財務会計においても早く途中途中で経営状況をみていく。銀行経営のための管理会計は，本来週次や日次レベルで業績がみえなければならない。そうでなければ，財務会計データで経営を行うことになり，外部投資家とほとんど同じタイミングで経営することになり，経営者が行うべき企業価値向上のための戦略的な施策を先手で打てなくなる。
13) たとえば，支店別や顧客別などの単位に，貸倒引当金を算定することである。
14) 銀行以外の一般企業でも財務会計と管理会計の合計額一致の要件はいわれるが，銀行の場合にはとくに一致していることが前提であるといった傾向は強いように思われる。それは，1円単位で勘定が合っていなければ安心できないといった銀行員特有の数字に対する過敏なまでの正確さも関係しているのではないかと思われるが，考えすぎであろうか。
15) Mckinsey & Company（2000）では企業価値評価（Valuation）に適用されている。
16) JWG 9ヵ国：アメリカ，イギリス，カナダ，オーストラリア，フランス，ドイツ，ノルウェー，ニュージーランド，および日本。
17) すべての金融資産・負債を時価で再評価（再測定）すること。全面時価会計導入後，損失は金利減免とリスケジュールが行われた時点で計上される。一般貸出金や預金についてもすべて適用される。
18) この場合の投資家は株主予備軍と捉えられている。
19) FASBや国際会計基準では，期待キャッシュ・フローの割引計算の方向で検討された（加藤，2000；北村・今福，2000）。管理会計においても，リスク・プレミアムを割引率に織り込むよりもキャッシュ・フローに織り込むほうが精度の面で望ましいと考えられる。ただし，ここでは期間損益計算とDCF法による損益把握の比較検討の論点を明確化するため，単純に割引率にリスク・プレミアムを織り込む方法で検討する。
20) 小倉（2002），北村・今福（2000），田中（2002），吉田（2001）などに詳しい。
21) 収益費用アプローチとは，企業の達成した成果としての収益と，それを達成するために費やされた努力としての費用との差額で利益を計算するアプローチである。

すなわち，フロー計算にもとづく利益計算アプローチともいわれる。
22) 資産負債アプローチとは，1976年に公表された FASB Discussion Memorandum (1976)（津守監訳，1997，P.53）にもとづくものである（田中，2002）。資産および負債の定義に依拠しており，その価値変動が生じた時点で認識と測定が行われ，当該資産と負債との差額である純財産の変動額をベースに利益を計算するアプローチである。すなわち，ストック計算にもとづく利益計算アプローチともいわれる。

第8章 ▶ 銀行管理会計の課題と展望
―BSCによる銀行管理会計とリスク管理との融合―

はじめに

　銀行では昭和初期から原価計算の適用を研究し，戦後の護送船団行政の下ではコンピュータ・システムの導入とあわせて独立採算制を支援する本支店勘定利息制度と支店別原価計算が銀行に適用された。第Ⅰ部であきらかにしたように，護送船団行政下の銀行管理会計ではバブル崩壊に際して十分に機能できなかったことから，1990年代後半にリスクの概念が銀行管理会計に融合されたことをあきらかにした。すなわち，銀行の収益の大半を占める資金収益[1]は，顧客の信用リスクの変動による影響が他の業種にくらべて格段に大きく，そのため，とくに銀行管理会計ではリスク概念を融合させた統合的なフレームワークが必要とされる。

　実務上では，都市銀行[2]においてはリスクに見合うリターンの獲得といった財務的な指標にもとづく考え方での貸出の実行可否を行っても問題はない。なぜなら，都市銀行であれば全国レベルの銀行業を営み，相当な数の顧客を有しているため，顧客ポートフォリオを構成して信用リスクの分散効果を発揮したり，場合によっては信用リスクがあまりにも高く業績の悪い顧客とは取引を中止したりすることも可能だからである。ところが，地方銀行，第二地方銀行，および信用金庫などの地域金融機関においては，仮にリスクの高い先の貸出を縮小すると地域経済が活性化せずに逆に不良化する融資が増えてしまうといった悪循環をもたらす可能性がある。

　したがって，地域金融機関はいまのリスク量を加味したとはいえ財務の指標だけで融資の判断をするのではなく[3]，顧客のもつ営業力，技術力，および業

界内のレピュテーションなどを評価して，さらにそれを伸ばしていくような企業支援すなわち顧客を育てる貸出ビジネスでなければ，結局は銀行自身の「飯の種」が尽きてしまうおそれがある。そういった顧客を育てる融資の実行に各行員の活動を向かわせるためには，銀行の業績評価においては財務的な業績だけでなく，地域社会の活性化や企業とのリレーションシップの強化など非財務指標の評価が必要となる[4]。

このように，最近では銀行管理会計に財務の指標だけでなく非財務の指標を管理する手法の要請が高まっている。さらにいえば，都市銀行のように全国区の銀行でも金利設定の場面においては，リスクだけでなく技術力，ブランド，レピュテーションといった無形の資産価値の考慮が必要になっている。

本章では，最初にこれまで検討したリスク量を取り込んだ銀行管理会計のフレームワークをまとめ，財務の指標の範囲内にとどまっている点を指摘する。次に，これからは銀行管理会計にリスク管理や無形の資産管理といった非財務の指標の観点での融合が必要になり，融合させるフレームワークとしてBSC（Balanced Scorecard；バランスト・スコアカード）[5] (Kaplan & Norton, 1992, 1996, 2001) 適用の効果性を検討する。

8.1　現状の銀行管理会計におけるリスクの捉え方と課題

銀行管理会計技法の変遷を第Ⅰ部で検討したが，資産負債の評価よりも収益費用での概念に比重が置かれていた。銀行原価計算，本支店勘定利息制度，FTP（Funds Transfer Pricing；資金振替価格制度），ABC（Activity-Based Costing；活動基準原価計算）といった銀行管理会計の技法は，財務会計上の損益勘定をもとに管理会計の視点で収益性を分析するものと考えられる。

一方，1980年代までの銀行管理会計ではバブル崩壊を予兆できなったことからリスク概念が取り込まれた[6]。そもそもリスクに対する考え方には次の2つの側面がある[7]。

① リスクとは，「リターンの源泉」とする考え方で，積極的にリスクを投資

してリターンを稼ぐ金融市場のリスク・リターンにもとづく概念である。

② リスクとは，企業に対して多大な損失や危機を及ぼすような事故や災害などの「回避すべき危険性」のことである。

前者①は，証券市場でいえば，たとえば国債と投機的なファンドでは高リスクな投機的なファンドのほうにより高いリターン（金利）が期待されると考えれば理解しやすい。つまり，リスクに見合うリターンを求めるといった考え方である。リスクの量は，VaR（Value at Risk；バリュー・アット・リスク）によって測定されることで管理可能であり，一般にはリスクとリターンのパフォーマンスで管理される。

後者②は，あえて積極的にリスクをとるものではなく，反対にリスクが発生しないように予防したり，発生した場合に最小限の損害で済むように災害対策手順を整備したりすることである。

本節では，前者①を「リターンの源泉としてのリスク」，後者②を「回避すべきリスク」とするリスク管理コンセプトとして分類し，それぞれについて銀行管理会計との関係性を検討する。

(1) リターンの源泉としてのリスクと銀行管理会計との関係

リスク・リターンの概念にもとづくリスクは，第1章で検討したように測定可能なリスクでなければ管理できない。1990年代後半にVaRによって市場リスクや信用リスクが財務数値として測定された。とくに，貸出金ごとの信用リスクはVaRによって平均的な予想損失額として測定され，「リスク調整後利益[8]」，すなわち顧客や貸金ごとに原価とリスクに対するリターンのパフォーマンス管理が銀行管理会計で可能になったのである。貸出金といったストックが多い銀行では，将来のリターンと同時にリスクを抱えている[9]。そのため，銀行では一般企業の営業利益に相当する業務純益[10]の管理だけではなく，リスク量を加味した収益性分析のフレームワークが必要になったのである。

さらに，市場リスクや信用リスクのある一定の確率で起こりうる将来の最大の損失額はVaRによって計算され，それをカバーするように資本を割り当て

てその資本効率を計測する RAROC (Risk Adjusted Return on Capital；リスク調整後資本利益率)[11]が考案された。RAROC は分母の資本がリスクをカバーするように設定されることから，銀行の「健全性の確保」が担保されると考えられ，さらに分子のリスク調整後利益によって当期中に負担した原価とリスクに対して，どれだけ収益があげられたかを示す「収益性の向上」を管理する指標となっている[12]。このように RAROC 指標は財務面の収益性とリスク管理の面での健全性のトレードオフを管理して双方を向上させるように方向づける指標となっている。

このリスク調整後利益と RAROC によって，リスク・リターンの考え方におけるリスク量の測定と管理は，銀行管理会計のなかで実現されたと考えられている。換言すれば，リターンをあげるために投資されるリスクについては，計量化されることで，財務の指標として銀行管理会計に取り込まれたのである。

しかしながら，現状の銀行管理会計では過去の結果指標を分析しているにすぎないことに注意が必要である。リスク調整後利益とは，あくまでも当期にかけたリスクの量をコストと同じように収益から差し引くもので，本質的には将来の変動可能性を示す金額ではない。第7章で検討したように，将来価値の変動可能性としてリスク・プレミアムを加味した割引率（資本コスト）によって将来キャッシュ・フローを現在価値に割り引くことがこれからの銀行管理会計の財務指標の観点で求められてこよう。

（2）回避すべきリスクと銀行管理会計との関係

「回避すべき危険性」のリスクについては，完全な財務的測定方法については十分には理論化できていない[13]。これまでの銀行管理会計では財務の指標中心に管理されてきたため，そういった財務的な計量化ができないリスクの管理を取り込むことは不可能であった。ただし，もともと銀行ではリスクを発生させないための予防措置や内部統制，さらに結果的にリスクが発生しても財務的損害を拡大させないための遮断や復元のための準備などは日々の取り組みとし

て行われてきた。この活動を本章では「リスク管理活動」と称することとする。

　このリスク管理活動は，財務的な損害が発生する前に行われるため，非財務の活動となり，前述のとおりこれまでは銀行管理会計の範疇とはされてこなかった。銀行内の組織別の管理分掌においても，リスク統括部の行う「統合的リスク管理」，検査部や業務監査部による「検査や内部監査」，そして経営企画部や財務部による「銀行管理会計」というように分かれており，非財務のリスク管理活動と財務的な結果との因果関係が全体の管理体系上で十分に整理されたものになっていない。とくに，これまでは銀行管理会計上の収益性の向上とリスク管理活動の強化によるコストの増大にはトレードオフの関係が発生し，現場の行員の活動目標に混乱が生じていたのではないかと推察される。

　また，地域の金融機関では2003年金融審議会の『リレーションシップバンキングの機能強化に向けて』（金融庁金融審議会，2003年）によって，地域の顧客や社会経済の活性化と共存共栄の方向に地域金融機関のアクションが求められるようになった。その結果，将来ビジネスのもたらす収益価値，研究投資など長期的に具現される価値，さらに販売力，ブランド，およびレピュテーションといった無形の資産価値の評価と向上が銀行管理会計に求められていると思われる。しかし，ほとんどが財務的な測定が困難なために，いまの銀行管理会計では十分に対応できていないのが実情である。

　一方，リスクはこれらの無形の資産価値と表裏一体のものと考えられる。すなわち，無形の資産価値のプラス要因がブランドやレピュテーション価値であり，マイナス要因がリスク[14]である。無形の資産価値と回避すべきリスクを銀行管理会計で同時に管理するためには，非財務の指標の管理体系を構築する必要がある。さらにいえば，信用リスク管理とは貸出先の財務的な面だけでなく，無形の資産価値のプラス面またはマイナス面の両面での評価であると考えられる。

　以上のとおり，これまでの銀行管理会計ではリターンの源泉としてのリスク・リターンの観点で財務的にリスク量が取り込まれたが，これからの銀行管理会計では回避すべきリスクを管理する観点で非財務の指標が管理されること

が求められている。

8.2 これからの銀行管理会計の要件に対する BSC 適用の効果性

銀行管理会計が回避すべきリスクを管理する観点で，非財務の指標を管理対象としてリスク管理活動の取り込みと無形の資産価値評価を行うための要件は次の3点である。これら要件に対して，BSC 適用の効果性を検討する。実際の銀行のケーススタディを行う方法で検討を行う。

（1）非財務の指標を管理するフレームワーク

回避すべきリスクを管理するためには，これまでみてきたようにリスク管理活動や無形の資産価値評価など非財務の指標が管理されなければならない。財務的視点でのみからなる銀行管理会計では短期的な収益性を追い求め，中長期的な中小企業の育成や地域の活性化がおろそかになりかねない。それは，いまの銀行管理会計をそのまま銀行内の業績評価や人事評価に適用すると，リスク管理活動，企業支援活動，および社会貢献活動といった収益にすぐに直結しない非財務の価値向上に関する活動は重視されなくなり，どうしても行員の活動のインセンティブは短期的な収益獲得へ向かう危険性があるからである。非財務の指標を管理するフレームワークは，BSC における財務の視点の戦略目標を向上させる「顧客」「内部ビジネス・プロセス」「学習と成長」の各視点に整理された戦略マップとスコアカードによって実現可能である。

たとえば，三菱東京 UFJ 銀行で現在検討中[15]のテンプレート・プロトタイプ（案）である表 8-1 の BSC のスコアカードをみて分かるように，財務的な指標である RAROC を向上させるための非財務の指標を管理する体系となっているのが分かる。また，三菱東京 UFJ 銀行総合企画室の南雲岳彦調査役によれば，「内部統制のフレームワークである COSO[16]を銀行に整備することが BSC を適用した目的のひとつ」（南雲，2003）とされる。銀行実務において，すでにリスク管理活動の管理を BSC によって実現しようとしたことが分か

表8-1　三菱東京UFJ銀行の内部統制強化に関するテンプレート案

視　点	戦略目標	KPI（Key Performance Indicator）
財務	アーニングボラティリティの最小化	RAROC
顧客	● 監督当局検査にて良好な成績 ● 外部監査にて良好な成績	当局検査結果 外部監査結果
社内プロセス	● 内部監査にて良好な成績 ● CSAによる能動的なリスク管理の実施	内部監査結果 CSA（Control Self Assessment）による自発的発見比率 問題点の解消率
学習と成長	● リスク管理教育の強化 ● リスク管理のインフラ強化	リスク管理研修の受講率 リスク管理ツールのアップデート

(出所）南雲（2003）をもとに筆者が一部加筆。

る。

（2）銀行内管理の体系化

　リスク管理活動を銀行管理会計のなかで管理するためには，銀行内のさまざまな部署において部分最適で実施されるリスク管理や業績評価制度などの各種の管理や制度の体系化が必要である。そこで，都市銀行と大手地方銀行の適用事例をもとにして現状の管理制度に対するBSCの効果性を検討する。

　まず，表8-1に示すとおり三菱東京UFJ銀行では，戦略の実行に関する経営管理とリスク管理である内部統制とを同時に強化し，かつ相互に牽制機能が働くようにBSC適用によって体系化させようとしている。南雲（2003）によれば，「COSOのコントロール・セルフ・アセスメント（CSA）とBSCは，戦略の実施とリスク管理のダブル・ループを生み出す……（以下省略）」と主張している。

　また，ある大手地方銀行はBSCの適用によって既存で実施される各種制度を体系化することを検討した。図8-1に示すように，現状では企画部が経営計画を策定し，営業統括部が支店別の業績評価を実施し，人事部が目標管理制度を運営していた。この地方銀行企画部のBSC検討担当者は，それら各種の

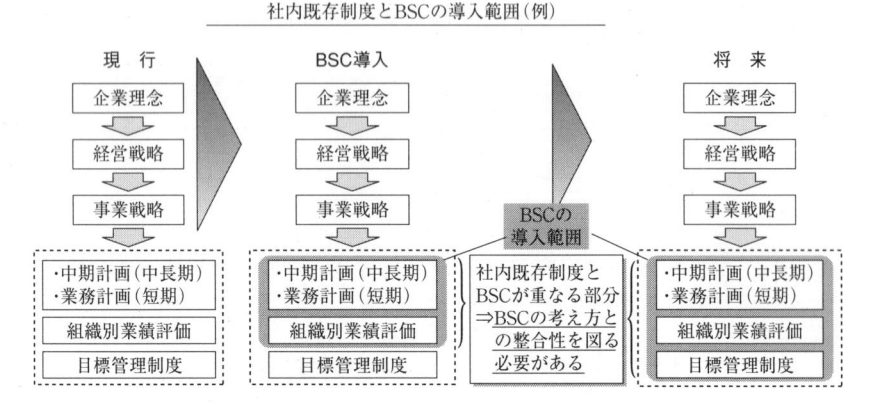

社内既存制度とBSCの導入範囲（例）

図8-1　大手地方銀行のBSCによる行内管理制度の体系化案

管理はBSCのフレームワークによって体系化が可能であり，さらに上位の管理から下位の管理への展開が可能と判断された。しかし，導入にあたっては，まずは中期経営計画と支店別業績評価までをBSCによって体系化や一部の統合化を行い，各行員の報酬への直接の影響度合いの大きさから人事部の目標管理制度へのBSCの導入については段階的に行われるべきであると結論づけられた。

（3）先行指標の管理

　成果指標だけでなくその結果をもたらした要因である先行指標の管理が今後の銀行管理会計では求められる。先行指標とは，結果としてあらわれる指標に対してあらかじめ兆候を示す指標や本質的な要因となる指標で，事前にモニタリングやコントロール可能な指標のことである。成果指標は財務の指標であり，銀行管理会計の課題とした非財務の指標はほとんどが先行指標となる。先行指標の管理要件は，BSCの戦略マップやイニシアティブとパフォーマンス・ドライバによって実現が可能である。

　これまでの銀行管理会計では，財務的な成果をあげるためにどこで何をどこまで活動すべきかがあまり明確ではなったが，BSCの戦略マップと先行指標

によって顧客，内部ビジネス・プロセス，および学習と成長の各視点で因果連鎖をもつ戦略目標が定義されて，活動の優先度付けも可能になると思われる。それによって，現場の行員レベルでの戦略の実行が可能になる。

　以上のとおり，銀行管理会計には，非財務の指標の管理，管理制度の全体最適な体系化，および先行指標の管理が必要である。銀行管理会計に BSC を適用することでこれら要件への対応は可能である。さらに，BSC による将来価値の評価，無形の資産価値評価，および先行指標によるプロセス評価の仕組みは，銀行の本業である貸出先の与信管理にも関係が深い。BSC が銀行の与信管理に適用されるならば，銀行全体でみても一層の信用リスク管理の強化と充実した地域や企業の育成が図られるのではないかと考えられる。

　そこで，次節では銀行内の与信管理に対して BSC を適用することで，よりリスク管理と融合した銀行管理会計となることを検討する。

8.3　銀行の与信管理への BSC 適用に関する考察

　BSC は，一部の先進的な銀行において行内の経営管理や業績評価領域において戦略の実行と多面的な業績評価を行うツールとして適用されはじめた[17]。ただし，リスク管理活動を強化する目的で与信管理へ BSC が適用された事例についての先行研究はまだほとんど見当たらない[18]。そこで，まず与信管理の内容を概観し，与信管理に対する BSC 適用の可能性を検討したうえで，効果と課題をまとめることとする。なお，BSC を適用した与信管理のことを，本節では「与信管理 BSC」と呼称する。

（1）銀行における与信管理の目的と現状の問題点
　銀行の与信管理とは，その言葉どおり銀行から企業へ「信用を与える」業務のことである。もともと銀行業における重要な業務は与信管理であった。日本で銀行が発足した1873年以来，与信管理には非常に多くの審査ノウハウが蓄積

されているといっても過言ではないだろう。日本では銀行の間接金融が企業の育成を担っており，銀行においても貸出金利息が収益の大半を占めていることもあって，与信業務は各銀行独自の経営理念や営業戦略，そして最初の信用リスク管理方針の反映された重要な業務のひとつとなっている。

　与信業務では，融資やローンを行う対象の各企業について，その企業の財務的な定量評価を行う「財務評価」と，貸出先企業の技術力，販売力，または社長の資質など定性評価を行う「非財務評価」の2つの評価が行われるのが一般的である。財務評価は，成長性，安全性，収益性，返済能力などの観点で企業の財務情報より算定された指標，すなわち財務評価項目によって評価，分析される。

　この財務評価については，従来は電卓を叩きながら分析されていたが，いまでは"財務スコアリング"や"財務自動分析"といった呼称で，財務諸表データを入力することによって自動的に指標を算定して企業財務評価の結果を出力するパッケージ・ソフトも販売されている。実際に，ほとんどの銀行で導入が進んでいるようである。このように貸出先企業の財務評価項目はすでに理論的に定式化されており，システムによってほぼ自動的に結果を出せるまでになっている。

　一方，非財務評価については現在でもまだ十分には定式化されておらず，各銀行とも審査を行う担当者の判断に影響を受けているといわれている。非財務評価は定性評価といわれているとおり評価指標がほとんど計量化されておらず，評価する担当者の主観に頼っている。つまり，銀行の与信管理は非常に重要な意思決定であるにもかかわらず，担当者の主観で行われている部分が多いのではないかと思われる。

　このように現在の与信管理には財務評価と非財務評価があり，それぞれで評価された結果を調整のうえ合計している。その場合の合計の仕方については，一般には指標ごとに決められた配点を限度として評価を行うことが多い。単純な一般例で検討しよう。まず，財務評価については表8-2のように経営分析指標によって評価が行われる。

表 8-2　財務評価項目と評価配点の例

財務評価項目	結　果	配　点	評　価
A　安全性項目 　　1　自己資本比率 　　2　固定長期適合率 　　3　流動比率 　　4　……… B　収益性項目 　　1　売上高経常利益率 　　2　総資本経常利益率 　　3　売上高営業利益率 　　4　……… C　成長性項目 　　1　経常利益増加率 　　2　自己資本額 　　3　売上高増加額 　　4　……… D　返済能力 　　1　債務償還年数 　　2　インタレスト・カバレッジ・レシオ 　　3　キャッシュ・フロー額 　　4　………			
財務評価小計			

表 8-3　非財務評価項目と評価配点例

非財務評価項目	結　果	配　点	評　価
X．業種特性 　　1　市場動向 　　2　景気感応度 　　3　市場規模 　　4　競合状態 　　5　経営者経営方針 　　6　株主の状況 　　7　従業員のモラル 　　8　業歴 　　9　営業基盤 　10　シェア 　11　競争力 　12　………			
非財務評価小計			

一方，非財務評価は，たとえば表8-3のとおり非財務評価項目と配点によって実施される。表8-3をみるかぎり，非財務評価項目がどういった観点であげられているかが読み取りにくい。おそらく，これまでの銀行が与信業務を通して培ってきたノウハウによって，項目が設定されたものと考えられる。

最後に，財務評価項目と非財務評価項目の配点合計を算出して，当該貸出先企業の信用格付を設定する。

また，非財務評価結果の財務評価結果への調整の方法としては，配点のうえ財務スコアに加算する配点方式や，配点のうえ財務スコアリングモデルによる一次格付を上下に修正するノッチ・アップダウンなどの方式がある。また，非財務評価項目を計量化するロジックとしては配点評価積み上げの得点集計だけでなく，判別関数モデル，ニューラルネットワーク，ツリー分析などがある。

以上のように，財務評価と非財務評価それぞれの内容について整理したが，現状の与信管理の特徴を管理会計上の観点でまとめるならば次のとおりとなる。

- 財務数値主体
- 短期債権・債務に偏り
- 有形資産のみ対象
- 過去の努力による成果（事後指標）を重視
- 測定可能な成果指標のみ対象

これら特徴は，一言でいうならば「短期的な過去の実績による与信管理」といえる。

とくに，非財務評価については4つの課題がある。

第1に，非財務項目を評価する際に，加点を行う方法では評価担当者の恣意性が入り込むなどによって客観性が損なわれるおそれがある。担当者によっては厳しく評価するものもいるかもしれないが，ほとんどは融資を実行することで評価されるために，担当者はどうしても評価が甘くなりがちになる。一方で，融資担当者による評価の加点には絶対的な基準が設定されにくい。

第2に，非財務評価の検証ができない。融資担当者の判断で評価される非財

務項目の評価結果については，他の本部審査役や検査担当者には検証の手段がない。融資担当者は，貸出を行おうとする企業を何度も訪問して，社長や経理部長ともよく話をすることで企業内の経営理念や営業戦略を感じ取り，目に見えない技術力なども評価している。しかし，その他の人間にとっては，よほど有名な企業でもないかぎりその融資担当者の評価結果以外には情報源がなく検証することは難しい。

　第3に，非財務評価の内容が，あくまで融資先の財務的な項目以外の企業の状況を示す「定性的な項目のバラバラなチェック」にしかなっていない。たとえば，ある企業は業界シェアをあげて収益を高める戦略をとっていたとしても，いま現在の業界シェアと収益状況をみているにすぎず，因果連鎖的に関係させる企業戦略を読み取ることはできない。つまり，非財務評価が財務的な観点にどのように影響するのかが明確になっていないために評価時点でのチェックにしかならない。したがって，『リレーションシップバンキングの機能強化に向けて』（金融庁金融審議会，2003）で謳われる企業を育てる融資にはなりにくい。担保の足りない中小企業が将来の戦略にしたがって何をやろうとしているのかがみえないので，結局は，短期的または財務的な評価しかできないものになりがちである。

　第4に，非財務評価項目の網羅性と因果関係が不明確である。表8-3のような非財務評価項目では財務評価項目に対してどうしても付け足し的なところが感じられ，それだけではたして十分なのか確信がもてない。一方でそれら非財務評価項目間の因果関係がなく一覧に並べて評価されているために，非財務評価項目の要因を分析することができない。因果関係があれば，非財務評価の結果から因果関係のある要因をたどって分析することで本質的な要因を把握することができる。非財務評価項目の網羅性や，因果関係が不十分な状況では誤った意思決定を行ってしまう可能性がある。

　以上のとおり，銀行では貸出を行う先の財務評価と非財務評価の両方を行っている。しかし，財務評価にくらべて非財務項目の評価については，客観性や検証可能性，項目の網羅性，および項目間の関係性などに課題があり，実際に

各銀行においてもそれら課題を十分に解決できていないものと思われる。そこで，以下では与信管理への BSC 適用について検討する。

（2） 与信管理 BSC のメカニズム

　ある銀行の与信管理へ BSC を適用して検証を試みる。この銀行を A 銀行とする。A 銀行の与信管理における非財務評価項目は表 8 - 4 のとおりである。

　表 8 - 4 の A 銀行における非財務評価項目の内容はおそらくこれまでの審査ノウハウの蓄積と思われるが，十分に体系化されていない。BSC によれば，この非財務評価項目は表 8 - 5 のように 4 つの視点で整理することが可能である。ただし，顧客の視点や，学習と成長の視点といったカテゴライズは，企業内で一般的に経営管理や業績評価に適用させる BSC に対しては考えやすいが，与信管理へ BSC を適用させる場合には，それぞれ"顧客と業界の視点"，"人材の視点"に読み替えて行うほうが理解しやすい。

　また，括弧書きで追加している指標は，表 8 - 4 のいまの A 銀行における与信管理上にない指標であるが，BSC による 4 つの視点で網羅的に検討した結果，あらたに追加すべき非財務評価指標として認識されたものである。

　このように，BSC の財務の視点には，与信管理においてもともと重要な要素であった財務評価項目そのものが当てはまる。したがって，BSC のフレームワークによって，与信管理の財務評価項目と非財務評価項目の両方がひとつのスコアカード上に体系化されることになる。

　また，一般に戦略マップは，BSC を導入しようとする自社企業の戦略と目標を可視化するために作成される。しかし，ここでの取り組みは銀行が融資を行おうとする貸出先企業の戦略をそこの経営計画書など資料やインタビューを通じて銀行側が作成し可視化するものである。

　ここで，A 銀行が X 出版会社へ融資を行う場合の戦略マップを検討してみよう。戦略マップは従来の与信管理にはないが，X 出版の戦略マップは図 8 - 2 のとおりとなる。その際の X 出版の戦略目標ごとの成果指標と先行指標は表 8 - 6 のとおりとなる。

表8-4　A銀行の非財務評価項目例

評価の視点	非財務評価項目
経営者	経営能力, 人柄・見識, 後継者, 経営者の個人資産, 経営者借入状況
業界特性	業界の将来性, 市況, 競争状態
企業特性	技術力, 競争力, 開発力, 業界内地位, 業歴, 商品特性, 仕入・販売基盤, 資金調達余力, 労使関係, 風評, ディスクロージャーの態度
親会社	資本系列, 親会社との関係

表8-5　A銀行のBSCによる非財務評価項目例

評価の視点	BSCによる非財務評価項目
財務の視点	既存の財務評価項目に相当
顧客の視点（顧客と業界の視点）	①業界の将来性, ②業界内地位, ③市況, ④競争状態, ⑤風評, ⑥取引顧客数, ⑦うち優良顧客数, ⑧顧客別収益性, ⑨返品率, ⑩潜在顧客数　等
内部ビジネス・プロセスの視点	①技術力, ②競争力, ③開発力, ④業歴, ⑤商品特性, ⑥仕入・販売基盤, ⑦資金調達余力, ⑧資本系列, ⑨親会社との関係, ⑩企業戦略, ⑪商品の品質度, ⑫社会的責任度　等
学習と成長の視点（人材の視点）	①経営能力, ②人柄・見識, ③後継者, ④経営者の個人資産, ⑤経営者借入状況, ⑥労使関係, ⑦特許数, ⑧従業員の資質, ⑨離職率, ⑩新規採用数, ⑪公的資格保有者数　等

（3）与信管理BSCの効果性

BSCを与信管理へ適用することによって，5つの効果が期待できる。

第1に，伝統的な与信管理にくらべてBSCを適用した与信管理として長期的な将来志向の与信管理となる。それは，長期的な将来志向の与信管理，長期債権・債務の管理，無形資産や知的資産の管理，将来パフォーマンス（先行指標）の考慮，および先行指標による事前評価などBSCの特徴による効果が与信管理適用においても同様に期待される。

第2に，BSCによれば，成果指標と先行指標によって非財務評価項目の検証が可能になる。これまでは，結果だけの指標であったため融資担当者の主観による恣意性が入り込みやすく，第三者による検証は難しかった。成果指標に

190

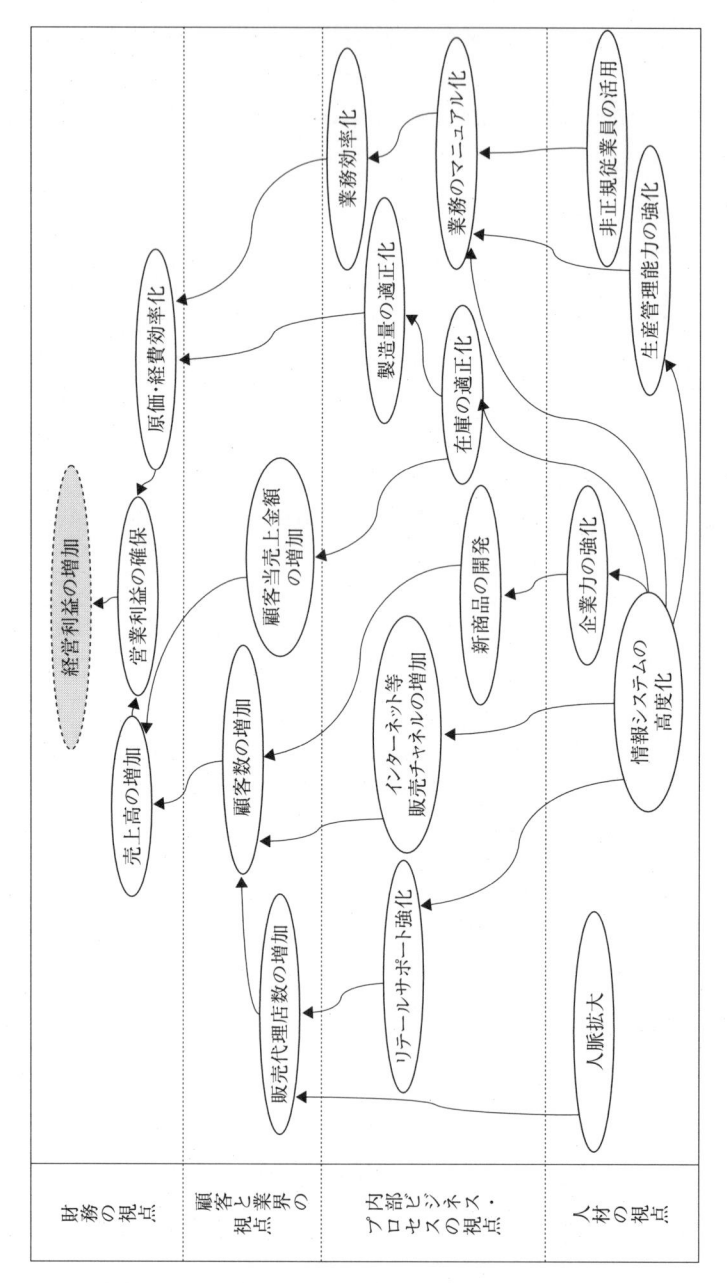

図8-2　A銀行の作成するX出版の戦略マップ

第8章　銀行管理会計の課題と展望　191

表8-6　X出版の成果指標と先行指標

視点	戦略目標	成果尺度	パフォーマンス・ドライバ
財務の視点	・経常利益の増加 ・売上高の増加 ・営業利益の確保 ・原価・経費の効率化	・売上増加率 ・売上高対売上原価率 ・売上高対販売費及び一般管理費率 ・売上高対経常利益率 ・経常利益増加率	・売上高 ・売上原価、製造原価 ・販売費及び一般管理費 ・営業外収益、営業外費用
顧客と業界の視点	・顧客数の増加 ・顧客当売上金額の増加 ・販売代理店の拡大	・新規顧客増加率 ・顧客定着率 ・顧客当売上金額増加率 ・販売代理店数	・顧客数 ・顧客別売上金額 ・販売代理店数
内部ビジネス・プロセスの視点	・ディーラーサポートの強化 ・販売チャネルの増加 ・新商品の開発 ・在庫の適正化 ・製造量の適正化 ・業務の効率化 ・業務のマニュアル化	・ディーラーサポート効果率 ・販売チャネル増加率 ・新商品増加率 ・商品投下資本粗利益率 ・歩留率 ・稼働率 ・マニュアル化率	・販売代理店別売上 ・販売チャネル数 ・新商品開発数 ・在庫数量、金額 ・原材料仕入高、製造数量 ・稼働労働時間 ・業務数、マニュアル数
人材の視点	・人脈拡大 ・情報利用システムの高度化 ・生産管理能力の強化 ・非正規従業員の活用	・戦略的連携率（アライアンス率） ・情報システム化率 ・商品企画効率 ・付加価値生産性 ・非正規従業員率	・アライアンス数 ・情報システム数 ・商品企画数、商品化数 ・付加価値額 ・非正規従業員数、従業員数

因果関係をもつ先行指標を管理することで指標間の要因分析が可能になる。BSC によって，ある程度客観的な非財務評価項目の検証と管理が行える。

　第3に，BSC の4つの視点によって与信管理の財務評価項目と項目が体系化され整理される。与信管理項目すべてに網羅性が確保され，項目情報の蓄積と履歴管理も可能になり，総合的にみれば与信管理の高度化が図られるものと思われる。たとえば，財務評価項目は財務の視点で位置づけることができる。その他の顧客と業界，内部ビジネス・プロセス，人材の視点で，これまでの非財務評価項目が整理される。さらに，非財務評価項目の計量化や，財務的な評価項目への調整について，BSC ではそれぞれの視点の結果を総合的に評価する仕組みを独立させて構築することができる。したがって，この BSC による与信管理体系をもとに順次高度化させていくことが可能である。

　つまり，非財務評価項目を業種や企業規模別に4つの視点で整理することによって，業種や企業の規模ごとの評価項目テンプレートを作成することが可能になる。これまでの非財務評価項目では，業種ごとに項目を入れ替えることはほとんどなく評点の変更程度を行っているのみであった。ところが，BSC によれば評点だけでなく，非財務評価項目それ自体も業種や企業規模にあわせたものに変更できるようになると考えられる。

　第4に，戦略マップによって貸出先企業と融資担当者のコミュニケーションが向上する。企業の事業戦略や戦術，プロジェクトの目的や目標とする達成基準が可視化され銀行側と共有できるようになるので，『リレーションシップバンキングの機能強化に向けて』（金融庁金融審議会，2003）で指導される銀行の企業経営への助言についてもより具体的に先方へ伝えやすくなる。また，戦略マップが作成されていることで，企業が何を考え，どういった経営を行おうとしているのかの経営戦略が，銀行の関係者に情報共有化がなされることになる。銀行のリスク管理や融資の自己査定におけるあるべき情報のあり方だと考えられる。これまでは融資担当者の主観的な判断で評価が行われていたが，BSC による情報共有化によって，非財務項目の評価の客観性と自己査定時の検証も可能になると考えられる。とくに，自己査定では BSC が銀行内での貸

出先企業の与信の検証に機能しうる。

　第5に，戦略マップと先行指標によって，結果だけでなく，事前に企業の経営状況をモニタリングできるので，業績の予兆を把握することができるようになる。企業への貸出は，デフォルトしてしまっては何もならないので，本来は財務情報以前の企業内での経営状況を示す管理会計情報こそ把握されるべきである。しかし，これまでは貸出先企業と銀行との間で，その企業の管理会計情報を共有する仕組みがなかったことと，貸出先企業が内部情報を隠してしまうことから，どうしても企業の内部経営情報を銀行が把握することはできなかった。それでも，銀行の融資担当者は世間話などをしながら貸出先企業の社長から情報を収集して，企業の経営状況を早期に把握しようと努めてきた。いま，このBSCツールを与信管理へ適用することによって，企業と銀行のコミュニケーションが図られ，自然と企業の経営状況を双方で認識することができるようになる。

　以上のとおり，与信管理BSCの効果は，①長期的な将来志向の与信管理となること，②客観的な非財務評価を可能にすること，③与信管理全体のフレームワークの構築，④貸出先企業と銀行融資担当者とのコミュニケーション，そして，⑤貸出先企業経営に関する予兆管理である。

おわりに

　これまでの銀行管理会計の課題は，短期的な収益のみを追い求めてしまい，中小企業や地域の活性化がおろそかになりかねない点である。いま銀行に必要な管理会計の仕組みは，「無形の資産価値評価」と「リスク管理」である。とくに，無形の資産価値評価と表裏一体の関係にあるリスク管理との融合が銀行管理会計には求められている。バブル崩壊後には財務の視点で銀行管理会計にリスク管理が取り込まれた。取り込まれたリスクは，リターンの源泉とするリスク・リターンの観点のもので，VaRの計算などによって財務の指標として計量化できるものであった。ただし，回避すべきリスクに対するリスク管理活

動についてはこれまで銀行管理会計の範疇とされてこなかった。

　BSC は，非財務指標の管理，先行指標の管理，および企業内の管理や制度の体系化といった特徴を有し，無形の資産価値の向上とリスクの管理を統合的に体系化するフレームワークとなるのではないかと期待される。すでに三菱東京 UFJ 銀行などの一部の先進的な銀行では，新 BIS 規制やサーベイン・オックスレー法のベースとなっている COSO のフレームワークを BSC によって実現しようとしている。銀行実務の面では健全性を確保しながら収益性の向上を図ることが経営管理上のバブル崩壊後の課題であった。BSC は，財務の視点で収益性の向上と健全性の確保のバランスと統合化を実現でき，さらに非財務の指標や先行指標の管理の概念によって，回避すべきリスクの予防や準備とともに日々のリスク管理活動に変換できるものと考えられる。

　さらに，銀行で最も比重の高いリスクとは信用リスクである。その信用リスクを管理する基本的な業務とは与信管理である。与信管理は，従来から銀行と貸出先の情報の非対称性を解決することが課題であった。銀行はなんとか情報の非対称性を解消するため，貸出先から各種の報告を求めたり，銀行の担当者が足しげく貸出先企業を訪問したりして情報を集めてきた。しかし，その方法では非財務評価情報については属人的になりがちで，銀行内共通の与信業務方法・手順や，行内共通の与信情報にはなりにくかった。

　そこで，より合理的に情報の非対称性を解消する方法論として，一部の都市銀行や全国信用金庫連合会において，BSC を与信管理に適用することが研究された。その結果，与信管理 BSC によって貸出先の戦略の内容，戦略実行の進捗度合い，さらに業績の内容などが可視化され，理論的ではあるが情報の非対称性が解消される可能性があることが分かった。とくに，貸出先の社長と銀行の担当者が BSC の戦略マップとスコアカードを共通のコミュニケーション・ツールとして貸出先企業の業績や今後の戦略や計画を共通の意識で考えることによって，事業リスクの軽減を図ると同時に単なる信用リスクのチェック機能ではなく貸出先への経営支援にもなりうるものである。

　以上のことから，BSC を与信管理に適用することによって，貸出先の非財

務指標や先行指標の管理をより体系化することができ，より詳細なリスク管理活動と貸出先企業の活性化を支援するための無形の資産価値向上が実現される。COSOのフレームワークをベースとしたといわれているバーゼルIIのなかで，事務リスク，システム・リスク，リーガル・リスクの3つについてはオペレーショナル・リスクとして計量化の検討が進められている。これからの銀行管理会計の残された課題である回避すべきリスクに対する取り組みのうち，その3つのリスクについては回避すべきリスクからリターンの源泉へと変化する可能性がある。しかし，その他の回避すべきリスクについての計量化に関する研究ははじまったばかりで十分とはいえないが，おそらく先行的な指標によってリスクの予防活動や予兆の把握を行うことが重要である。

COSO/ERMのフレームワーク（樋渡・足田，2005）では，リスク管理のプロセスとして内部環境，目的の設定，事象の識別，リスクの評価，リスク対応，統制活動，情報と伝達，および監視活動までの包括的なリスク管理の体制整備と日々のリスク管理活動が重要とされる。これらプロセスのほとんどはリスク発生に先行する非財務の領域であり，BSCの非財務の指標や先行指標のフレームワークによって，財務的なリスク・リターンの管理とあわせて統合的に体系化させて管理することが可能である。

注
1) 第7章で検討したように，銀行の収益の大半を占める資金収益は，融資やローンなどの貸出金（ストック）残高に経過期間と金利を乗じて計算される。
2) 最近では，メガバンクといわれることが多い。
3) 収益，原価に信用リスクを加味するために，次の式によって信用コストが算定される。「信用コスト＝貸出残高×デフォルト率×（1－回収率）」。結局は，リスク量が財務の指標のなかに取り込まれたものである。
4) 『リレーションシップバンキングの機能強化に向けて』（金融庁金融審議会，2003）によれば，金融庁も，地域金融機関は顧客のビジョンとビジネス戦略を共有し，その実現のために融資やコンサルティングを提供するといった方向に向かうべきとする指針を提言し，各銀行にアクションプランを策定させている。
5) BSCとは，戦略の実行と多面的な業績評価を行う経営管理のツールである。BSC

のフレームワークは，ステークホルダーを意識した財務，顧客，内部ビジネス・プロセス，学習と成長の4つの視点 (perspective) をもち，それぞれに戦略目標，成果指標，イニシアティブと先行指標を設定する仕組みとなっている。また，企業ビジョンに向けて策定した戦略を実行する面で重要な役割を果たすのが戦略マップである。戦略マップは戦略目標の因果連鎖が矢印で設定される。

6) 第4章「バブル崩壊後の銀行管理会計」でより詳しく検討してある。
7) 樋渡・足田 (2005, p. 6) によれば，「リスクは，純粋リスクと投機的リスクの2つに区分される。純粋リスクは，自動車事故，火災，障害など損失が起きる事象のみが対象である。これに対して，投機的リスクとは，トレーディング業務の市場リスクやビジネスリスクのように失敗すると損失を被るが，成功すると利益が生じるなど損得双方が生じる可能性のある事象が対象」とされる。本章でいうリターンの源泉としてのリスクは投機的リスクに相当し，回避すべきリスクは純粋リスクに相当する。
8) 「リスク調整後利益＝収益－原価－信用コスト」のことである。第4章にて詳しく検討した。
9) 貸出債権の不良化がリスクの端的な例であるが，逆に中小零細企業などが有望なビジネスを保有しており，それが将来ビッグ・ビジネスへと花開く可能性もある。大きなリスクがある分，反対により大きな収益につながる場合もある。銀行など金融機関はリスクはリターンの源泉とする考え方をしており，原価同様にリスクも投資と考えている。
10) 「業務純益＝資金収益＋役務収益－一般経費」のことで，銀行の本業の儲けをあらわす収益性指標として管理，報告されている。
11) 「RAROC＝(収益－コスト－信用コスト)／リスク資本」。第1章，第4章のなかで詳しく検討している。
12) 金融庁の『リレーションシップバンキングの機能強化に向けて』(金融庁金融審議会，2003年) において，健全性の確保と収益性の向上を進めるよう報告された。
13) 回避すべきリスクはバーゼルⅡ (新BIS規制) ではオペレーショナル・リスクの領域に相当する。樋渡・足田 (2005, p. 53) によれば，バーゼルⅡのオペレーショナル・リスクの定義について「事務リスク，システムリスク，法務リスク等が含まれ，戦略リスク，風評リスク，システミックリスクは対象外とされている」と分析している。事務リスク，システムリスク，法務リスクについては，従来は計量化できないリスクであったが，最近では市場リスクや信用リスクのようにVaR計算によって最大損失額を求める方向で大手銀行を中心に研究が進められている。
14) レピュテーション価値のマイナスや，アップサイドのリスクのように計算上プラスマイナス反対の方向に働くことも当然ありうるが，ここでは説明の分かりやすさのため，価値が向上する方向のレピュテーションと，ダウンサイド・リスクを想定

している。
15) 2005年管理会計学会全国大会での統一論題の発表によれば，統合作業場面での利用や行員別のスコアカードの作成など，実際には相当に導入が進んでいるようである。
16) COSOとは Committee of Sponsoring Organizations of Tredway Commission の略で，COSOレポートと呼ばれる米国の「内部統制の統合的なフレームワーク（枠組み）」のことである。内部統制に関して世界のデファクト・スタンダードになっている。たとえば，八田・土田（2004）によれば「米国では，2002年に成立した企業改革法（サーベイン・オックスレー法）に従って内部統制の有効性の評価……ほぼ100％の会社がCOSOレポートに従って内部統制の有効性を評価している」という。
17) 2003年6月5日SASジャパンのセミナーにおいて，スルガ銀行取締役によって同行へのBSC導入が報告された。2003年7月30日日経金融新聞で鹿児島銀行のBSC導入に関する記事が紹介されている。さらに，近畿労働金庫でもすでにBSCが導入されている（櫻井，2003）。2003年7月3日SAPPHIRE '03（SAPジャパン・コンファレンス）にて，あおぞら銀行より人事管理へのBSCの適用事例が報告された。
18) 2004年7月30日ニッキンの「コミュニティーバンク全信協中小企業金融部会」の記事によれば，信用金庫業界ではメガバンクのような無担保での貸出とは差別化を図り，貸出先の非財務の指標を評価して貸出実行可否や金利の設定に役立てる研究がなされている。

結 章

　銀行管理会計について，第Ⅰ部ではその歴史的な変遷を整理してコーポレート・ガバナンスとの関係性を考察し，第Ⅱ部では現状の銀行管理会計の技法について個別の検討を行った。その結果をもとにして，今後の銀行管理会計の方向性をまとめる。

1. 銀行管理会計の歴史的な考察

　銀行に対するコーポレート・ガバナンスは，戦前は資産家がおもに担っていた。戦後の高度成長を支えた護送船団行政では預金者や市場の声を代弁する形で大蔵省が銀行に対する指導・監督・規制を行って非常に強い直接的な立場にあったことから，当時の銀行に対する実質的なコーポレート・ガバナンスは大蔵省が担っていたと考えられる。1950年代後半から1970年代までの銀行管理会計は，独立採算制と預金商品種別の採算性を把握すべしとした1956年の大蔵省の通牒にしたがって構築されたように思える内容であった。事実，当時富士銀行（現 みずほ銀行）次長であった矢本や東海銀行（現 三菱東京UFJ銀行）事務統括次長であった山高の実務の観点からまとめられた文献からは，大蔵省の通牒の影響が読み取れる。

　護送船団行政下の銀行管理会計は，おもに支店別の独立採算制を管理することを目的とするものであった。内容的には，収益は本支店勘定利息制度，原価計算は支店別原価計算の仕組みが構築された。とくに支店別原価計算については，1960年代後半のメインフレーム・コンピュータの導入にあわせてブームのように大手銀行に構築された。しかし，当時の銀行管理会計では，「銀行横並び」，すなわち銀行間競争のない護送船団行政を前提として自行内の支店管理

だけを目的としたものであったため，1980年代の金融の自由化と国際化にともなう銀行間の競争と銀行経営の効率化の時代要請にあわなくなった。1991年のバブル崩壊と1996年の金融ビッグバンによって護送船団行政が実質的に機能しなくなるのと同時に，伝統的な銀行管理会計では銀行経営に十分に適合しなくなったのである。

　バブル崩壊後の銀行管理会計は，それまでの支店別管理目的といった銀行内の管理目的偏重の反省から，株主重視，顧客本位，または最近では従業員や環境といったあらゆるステークホルダーを意識した経営に適合させる仕組みや技法が取り入れられるようになった。たとえば，次の点である。

① ABC（Activity-Based Costing；活動基準原価計算）の導入
② FTP（Funds Transfer Pricing；資金収益振替価格方式）の導入
③ 銀行BSC（Balanced Scorecard；バランスト・スコアカード）の適用
④ 金融管理会計[1]フレームワーク（銀行管理会計へのリスク量の取り込み）

　大蔵省による護送船団行政が崩壊して，銀行は自らの戦略にもとづいて経営をしていかなくてはならなくなった。そのため，リスクをマネジメントしながら健全性を維持して，より収益性を向上させるために金融管理会計のフレームワークが導入された。さらに，2000年代にはいると日本の銀行には単に株主のためだけというわけではなく，地域社会や中小企業などの顧客や従業員である行員などあらゆるステークホルダーの価値を向上させることが明確に求められ，銀行BSCの導入が検討されるようになったと考えられる。

　とくに，銀行業特有の金融管理会計フレームワークの構築は，伝統的な銀行管理会計がバブル崩壊を予兆できなかったことが大きな要因となっている。すなわち，収益と経費だけでは，将来の変動性（リスク）がみえないということがまさに身をもって理解されたということではないかと思われる。

2. 現状の銀行管理会計の取り組み内容にもとづく考察

　第Ⅱ部では，現状の銀行管理会計の仕組みについて，第6章で銀行の原価計

算，第7章で銀行の収益管理，第8章で銀行管理会計の課題と展望を検討した。それぞれの章で，次の点があきらかになった。

第6章では，銀行原価計算について伝統的原価計算とABCについて比較検討を行った。1997年の櫻井通晴教授座長による当時ほとんどの都市銀行の管理会計担当者が集まっての銀行原価計算に関する研究会において，実務的な面から検討された結果，都市銀行を中心に銀行ABCが導入されるに至った。ABCは，護送船団行政下で行われてきた伝統的な銀行原価計算の課題を解決するものとして注目された。ある都市銀行ではカンパニー制度を導入するにあたり，伝統的原価計算では不可能であったカンパニー間の取引サービス価格の設定にABCを適用するなど実務の面で有効に機能した。

第7章では，銀行収益管理について検討を行い，本支店勘定利息制度の内容とそれに代わって登場したFTP管理について，そのメリットとデメリットをまとめた。FTPによって取引ごとに収益が算定されるようになり，その結果，顧客別の収益管理や金利リスクが取り除かれた支店別業績管理が可能となった。護送船団行政においては，支店別の独立採算制を維持するために本支店勘定利息制度で十分であった。1980年代にはいり，金融の自由化と国際化と護送船団行政の崩壊とともに，本支店勘定利息制度では十分でなくなりFTPが適用されることとなった。とくに，本支店勘定利息制度では一般の費用と同じように原価計算のなかで処理されていた預金利息が，FTPでは融資利息と同じように収益計算のなかで処理されるようになり，原価計算の対象ではなくなったことは特徴的である。

また，今後の銀行収益管理の課題として，国際会計基準で議論された将来キャッシュ・フローの割引計算を適用した資産価値の評価損益の必要性についても検討した。現在は渉外営業担当者の業績評価が過去の期間損益ベースとなっているため，獲得時点での担当者別評価が困難な状況にある。この問題を解決するためには，将来キャッシュ・フローの割引計算による価値評価分析（Valuation）が必要ではないかと考えられる。銀行収益管理に対する将来キャッシュ・フローの割引計算の有効性については，モデルデータをもとにシ

ミュレーションを行うことによって検討された。

　第8章では，銀行管理会計の課題と今後の展望を検討した。銀行管理会計は「原価計算」から始まり，護送船団行政下では本支店勘定利息制度や支店別原価計算など「支店別業績管理」が発達した。バブル崩壊後は，リスクの期待損失額を計算して収益から差し引くことで，「リスク調整後利益」による管理が行われるようになった。さらに RAROC の指標によって，最大損失をカバーするように割り当てられた資本の効率を確認するまでになった。ただし，現状のリスクへの取り込みとは財務の視点にすぎず，日々の危険性を予防するための「リスク管理活動」に関する非財務の観点での管理については，まだ対象となっていないと思われる。リスクを財務的な指標としてだけではなく，非財務の領域にまで銀行管理会計に取り込むためのフレームワークとしては，いまのところ BSC が効果的である。

　とくに，銀行のリスク管理活動のなかで最も重要な与信管理に対する BSC 適用のケーススタディを検討し，与信先企業の結果の財務指標だけでなく，今後の営業戦略や商品戦略，さらに顧客とのリレーションシップの構築状況や従業員の忠誠心，IT のインフラの整備など，今後貸出先が中長期的に収益を高めるための戦略とそのリスクの状況を可視化することができた。この与信管理 BSC はまだ発展途上であるが，金融庁の進める地域金融機関の担保依存から脱却するためのリレーションシップバンキングの実現にも寄与するものと考えられる。

3. 今後の銀行管理会計の方向性

　銀行管理会計の歴史と内容について検討した結果，今後の銀行管理会計の方向性に与える影響要因として，外部要因，内部技法の高度化，および経営戦略の3点があきらかになった。それぞれの点で，次のとおり研究上のインプリケーションを指摘できる。

　第1に，銀行管理会計の今後の方向性を与える「外部要因」として，コーポ

レート・ガバナンスの影響をあきらかにした。これまで分析してきたように，日本経済の活性化と国際的な金融市場の安定化に向けて銀行の社会的責任は重く，そのため，護送船団行政では市場や顧客の意図を背景にした金融当局のガバナンスが銀行管理会計に影響を与えた。これからは，グローバルな市場からのガバナンスがより重要になり，そのガバナンスへの対応メカニズムが銀行管理会計に組み込まれることになる。すでに，バーゼルⅡ（新BIS基準），COSO/ERM（内部統制のフレームワーク），SOX法（サーベイン・オックスレー法）への対応が，銀行管理会計の技法や内容に影響を与えつつある。

　第2に，銀行管理会計とリスク管理のそれぞれの技術や融合などに関する「内部技法の高度化」が，銀行管理会計の今後の方向性に影響を与える要因である。銀行業はストックによる収益がほとんどで，それがバブル崩壊といった歴史的な大事件によって一気に不良債権化することが身をもって経験された。護送船団行政の間は規制のため，銀行が自らリスクを管理する必要性はそれほど高くならなかったことと，金融工学の面でもリスクの計量化技術がまだ十分に実用的ではなかったため，銀行管理会計とリスク管理は完全に区別されていた。しかし，バブル崩壊後は単に収益性の向上では駄目で健全性を確保することも同時に行えるように，計量化されたリスク量が銀行管理会計に取り込まれた。今後は，BSCによって財務的な視点でリスク量が取り込まれるだけでなく，回避すべきリスクを事前に予防するリスク管理活動を非財務の視点で取り込むことが可能になる。さらに，その回避すべきリスクについても金融工学の観点からオペレーショナル・リスクとして徐々に計量化されてくるものもある。このように管理会計や金融工学の双方の面でそれぞれの技術の高度化や融合技法の構築が銀行管理会計に内部から変化を与えるものとなる。

　第3に，銀行管理会計の方向性に影響を与える要因として当該銀行の「経営戦略」がある。2000年代の銀行は，収益性と健全性だけではなく社会や地域との共存共栄の経営戦略を標榜するところが多い。バブル崩壊の影響がほぼ一服し，その反省から収益一辺倒ではなく顧客や地域社会との共生にとどまらず，地球全体のなかの企業市民として責任ある経営の必要性に気がついたものと考

えられる。筆者は，1990年代は企業間の Win-Win の関係が求められ，2000年代はあらゆるステークホルダーの価値を向上させて"全員 Happy な関係"が築けるような経営戦略を実行する銀行管理会計フレームワークが求められていると考える。つまり，これからは，弱肉強食の経営を超えたより次元の高いレベルでの共存共栄の経営が求められている。そのためのフレームワークがこれからの銀行管理会計における重要な要件である。

最後に，現状の激動の社会経済環境においては，銀行以外の一般の業種でもリスクの概念を取り込んだ管理会計は有効であり，実務的にはすでにその必要性が高まっているのではないかと思われる。そこで，本論文の銀行管理会計の検討をもとに，管理会計フレームワークのなかでリスクをマネジメントしながら，あらゆるステークホルダーに対して企業価値の最大化を図るといった「金融管理会計の一般化フレームワークの研究」を今後の課題として本論文を締めくくりたい。

注
1) 前述のとおり本書では，財務会計と区別して銀行管理会計のなかに，リスクに対する健全化目的や証券投資理論であるリスク・リターンの概念を取り込んだものを「金融管理会計」と称することとした。

参考文献

Bankers Trust New York Corp, "Charlie's angels," *Economist,* Vol. 327, 1993, pp. 14-18.

Basel Committee on Banking Supervision, "Amendment to the capital accord to incorporate market risks," *Basel Committee Publications,* January 1996, (http://www.bis.org/).

Billings, Mark and Forrest Capie, "The development of management in UK clearing banks," *Accounting, Business & Financial History,* 2004, pp. 317-338.

Black, Ficher and Myron Scholes, "The Pricing of Options and Corporate Liabilities," *Journal of Political Economy,* 1973, pp. 637-654.

Cokins, Gary, "Overcoming the Obstacles to Implementing Activity-Based Costing," *Bank Accounting & Finance,* Fall, 2000, pp. 47-52.

Culp, Christopher L., "EX ANTE VERSUS EX POST RAROC," *Derivatives Quartery,* Fall, 2000, p. 9.

Deville, Christopher C. "Using Funds Transfer Pricing to Support Business Decisions," *Bank Accounting & Finance,* September, 2001, pp. 35-39.

FASB Discussion Memorandum, *An Analysis of Issues Related to Conceptual Framework for Financial Statements and Their Measurement,* December 1976. (津守常弘監訳『FASB財務会計の概念フレームワーク』中央経済社，1997年)

Frigo, Mark L, Paul G. Pusorino and George W. Krull Jr., "The Balanced Scorecard for Community Banks : Transaction Strategy into Action," *Bank Accounting & Finance,* Spring, 2000, pp. 17-24.

Han, Mei and Zhiyong Jerry Shi, "How To Assess The Profitability Of a Project Finance Deal — From The Lenders' Perspective," *Journal of Project Finance,* Vol. 3, No. 4, Winter, 1997.

Johnson, H. Thomas and Robert S. Kaplan, *Relevance Lost ; The Rise and Fall of Management Accounting,* Harvard Business School Press, 1987, pp. 12-18. (鳥居宏史訳『レレバンス・ロスト—管理会計の盛衰』白桃書房，1992年，10-15頁)

Kaplan, Robert S. and David P. Norton, *The Balanced Scorecard : Measures that drive Performance,* Harvard Business Review, January–February, 1992, pp. 71-79.

Kaplan, Robert S. and David P. Norton, *The Balanced Scorecard, Translating Strategy into Action,* Harvard Business School Press, 1996, pp. 13-22. (吉川武男訳『バランススコアカード』生産性出版，1997年，13-79頁)

Kaplan, Robert S. and David P. Norton, *The Strategy-Focused Organization,—How Balanced Scorecard Companies Thrive in the New Business Environment,* Harvard Business School Press, 2001. (櫻井通晴監訳『戦略的バランスト・スコアカード』東洋経済新報社，2001年)

Kaplan, Robert S. and Robin Cooper, *Cost and Effect ; Using Integrated Cost Systems to Drive*

Profitability and Performance, Harvard Business School Press, 1998, pp. 111-136, pp. 240-251.（櫻井通晴監訳『コスト戦略と業績管理の統合システム』ダイヤモンド社，1998年，144-163頁，301-313頁）

Karr, John, "Activity-Based Costing in the Financial Services Industry," *Bank Accounting & Finance,* Fall, 1994, pp. 30-36.

Kimball, Ralph C, "Calculating and Using Risk-adjusted ROE for Lines of Business," *Bank Accounting & Finance,* Fall, 1993, pp. 17-27.

Kimball, Ralph C, "Innovation is performance measurement in banking," *New England Economic Review,* May/Jun, 1997, pp. 23-38.

Lintner, John, "Security Prices, Risk, and Maximal Gains from Diversification" *Journal of Finance,* Vol. 20, 1965, pp. 587-615.

Mabberley, Julie, *Activity-Based Costing in Financial Institutions Second Edition,* Pitman Publishing, 1999, pp. 2-12.

Markowitz, Harry, "Portfolio Selection," *Journal of Finance,* Vol. 7, 1952, pp. 77-91.

Matten, Chris, *Managing Bank Capital second edition,* John Wiley and Sons Ltd, 2000, pp. 146-151, pp. 297-313.

Mckinsey, James O, *Managerial Accounting,* The University of Chicago Press, 1924.

Mckinsey & Company, Tom Copeland, Tim Koller, and Jack Murrin, *Valuation : Measuring and Managing the Value of Companies,* 3rd ed., John Wiley, 2000, pp. 131-155.（マッキンゼー・アンド・カンパニー『企業価値評価』第3版，ダイヤモンド社，2002年，153-182頁）

Merton, R.C., "On the Pricing of Corporate Debt : The Risk Structure of Interest Rates," *Journal of Finance,* Vol. 28, 1974, pp. 449-470.

Sharman, Paul A, "Activity-Based Costing Provides Insights Into The Economics of Banking," *Bank Accounting & Finance,* Winter, 2000, pp. 45-50.

Sharp, W.F., "Capital Asset Prices : A Theory of Market Equilibrium under Conditions of Risk," *Journal of Finance,* Vol. 19, 1964, pp. 425-443.

Webb, Geoffrey R, "Funds-transfer-pricing Methods : Choices and Tradeoffs," *Bank Accounting & Finance,* Fall, 1994, pp. 23-29.

青木茂男『管理会計』東洋書館，1950年．

青野正道『都市銀行のガバナンス』中央経済社，2001年，193-233頁．

朝倉幸吉『日本金融史』日本経済評論社，1988年．

池尾和人『日本の金融市場と組織』東洋経済新報社，1975年．

池尾和人『銀行リスクと規制の経済学』東洋経済新報社，1990年，181-214頁．

池尾和人・永田貴洋「銀行行動と規制枠組みの進化」『フィナシャル・レビュー』June，1999年，10-11頁．

石井寛治編著『日本銀行　金融政策史』東京大学出版，2001年．

参考文献

石井寛治・杉山和雄編『金融危機と地方銀行　戦間期の分析』東京大学出版会，2001年。
石川達也・山井康浩・家田明「金融機関のリスク資本に関する考察」『金融研究（2002／9）』日本銀行金融研究所，2002年。
伊丹敬之『日本型コーポレートガバナンス：従業員主権企業の論理と改革』日本経済新聞社，2000年，24-26頁。
稲上毅「新日本型コーポレート・ガバナンスと雇用・労使関係」稲上毅・連合総合生活開発研究所編『現代日本のコーポレート・ガバナンス』東洋経済新報社，2000年，3-74頁。
岩垂至・芳野武雄『銀行原価計算』非凡閣，1936年。
大久保豊『スプレッドバンキング』金融財政事情研究会，1996年。
大蔵省銀行局『銀行局金融年報　別冊　銀行局現行通牒集』金融財政事情研究会，昭和31年版-昭和32年版，1958年，81頁。
太田哲三『金融業会計』東洋出版社，1933年，251-268頁。
大柳康司「コーポレート・ガバナンスとは何か」『専修大学経営研究所報』第161号，2004年，5-8頁。
岡正生・楠本博『ALMとリスク管理』有斐閣，1989年。
小倉信次『戦前期三井銀行企業取引関係史の研究』泉文堂，1990年。
小倉昇「割引現在価値を利用した企業価値モデル」『企業会計』中央経済社，Vol.54，No.4，2002年，46-51頁。
小田切純子『サービス企業原価計算論』税務経理協会，2002年，145-162頁。
小野寛『金融リスクマネジメント』東洋経済新報社，2002年，68頁。
加藤和根『銀行原価計算の研究』森山書店，1930年。
加藤隆・秋谷紀男編『金融』東京堂，2000年。
加藤盛弘編著『将来事象会計』森山書店，2000年，43-56頁。
上林敬宗『金融システムの構造変化と銀行経営』東洋経済新報社，1998年，28-30頁。
北村敬子・今福愛志『財務報告のためのキャッシュフロー割引計算』中央経済社，2000年，33-53頁。
木村公昭「銀行におけるリスク調整後業績評価指標とEVAの活用」『三菱総合研究所報』No.35，1999年，164-165頁。
金融情報システムセンター「金融機関業務のシステム化に関するアンケート調査結果」『金融情報システム（平成14年11月増刊号）』（財）金融情報システムセンター，No.260，増刊51号，2002年，14頁。
金融情報システムセンター『金融機関におけるリスクを考慮した収益管理勉強会報告書』（財）金融情報システムセンター，2003年。
金融庁『金融検査マニュアル（預金等受入金融機関に係る検査マニュアル）』金融庁，2003年。
金融庁金融審議会『リレーションシップバンキングの機能強化に向けて』金融庁，2003

年。
後藤新一『日本の金融統計』東洋経済新報社，1970年，102-115頁。
櫻井通晴『新版　間接費の管理』中央経済社，1998年。
櫻井通晴編『ABCの基礎とケーススタディー』東洋経済新報社，2000年。
櫻井通晴編『企業価値創造のためのABCとバランスト・スコアカード』同文舘出版，
　　2002年，131-144頁。
櫻井通晴『バランスト・スコアカード』同文舘出版，2003年，447-480頁。
櫻井通晴編『ABCの基礎とケーススタディー改訂版』東洋経済新報社，2004年。
櫻井通晴『管理会計　第3版』同文舘出版，2004年，25-26頁，31頁。
さくら銀行『リスクの計量化に基づくROEマネジメント』さくら銀行広報部，1998年。
さくら銀行『2000年 ディスクロージャー』さくら銀行，2000年，36頁。
四国銀行『四国銀行百年史』四国銀行百年史編集室，1980年。
髙木貞樹「銀行業の業務改善・改革のための収益・原価計算システム」櫻井通晴編
　　『ABCの基礎とケーススタディー改訂版』東洋経済新報社，2004年，178-199頁。
田中淳「ビッグバン時代の銀行経営の中核－多段階型トランスファー・プライシング
　　（行内資金移転価格）制度」『UNISIS TECHNOLOGY REVIEW』第61号，1999年，76
　　-77頁。
田中隆雄「低くなる管理会計と財務会計の壁；減損会計と事業部貸借対照表」『企業会
　　計』Vol. 53, No. 12, 2001年。
田中隆雄「会計観の進化と割引価値の意義」『企業会計』Vol. 54, No. 4, 2002年，18-
　　25頁。
谷守正行「銀行管理会計の歴史的考察」『原価計算研究』Vol. 28, No. 2, 2004年，92-
　　103頁。
谷守正行「銀行のコーポレート・ガバナンスと管理会計の関係性に関する歴史的考察」
　　『原価計算研究』Vol. 29, No. 2, 2005年，77-86頁。
玉置紀夫『日本金融史』有斐閣，1994年。
土屋守章・岡本久吉『コーポレート・ガバナンス論』有斐閣，2003年，27-38頁。
東海銀行総合企画部編『新銀行実務講座　銀行会計』有斐閣，1973年。
冨塚嘉一「割引キャッシュフローからみた金銭債権・債務」北村敬子・今福愛志編『財
　　務報告のためのキャッシュフロー割引計算』中央経済社，2000年，33-52頁。
南雲岳彦「銀行における戦略・内部統制システム強化とBSC」『企業会計』Vol. 55, No.
　　5, 2003年，60-65頁。
西田真二『ALM手法の新展開』日本経済新聞社，1995年。
西田文博「金融管理会計システムにおける個別金利プライシングシステム」櫻井通晴監
　　修『金融機関のための管理会計』同文舘出版，2002，155-190頁。
日本銀行「金融機関における統合的なリスク管理」『日本銀行調査月報』日本銀行考査
　　局，2001年。

八田進二・土田義憲「対談：企業価値向上のためのリスクマネジメントのあり方」『企業会計』Vol. 56, No. 6, 2004年, 81-100頁。
樋渡淳二・足田浩『リスクマネジメントの術理』金融財政事情研究会, 2005年, 154-177頁。
古川栄一『経営計理論』千倉書房, 1949年。
星野一郎『金融機関の時価会計』東洋経済新報社, 2001年, 282-322頁。
松本雅男編『管理会計（経営学講座9）』巌松堂出版, 1956年。
松本雅男『管理会計（経営学全集35)』丸善, 1973年, 1頁。
溝口一雄『経営管理会計』國元書房, 1950年。
三井銀行『三井銀行八十年史』三井銀行, 1956年。
三井銀行『三井銀行100年のあゆみ』三井銀行, 1976年。
三井銀行『三井銀行史料　支店長会記録』日本経営史研究所, 1977年。
三井銀行『三井銀行史料　規則・資金運用』日本経営史研究所, 1978年 a。
三井銀行『三井銀行史料　報知付録』日本経営史研究所, 1978年 b。
三井銀行『三井銀行史料　営業報告書』日本経営史研究所, 1978年 c。
宮本匡章「管理会計の史的発展」黒澤清主編『近代会計学体系・第6巻』中央経済社, 1969年, 31-61頁。
宮本光晴『企業システムの経済学』新世社, 2004年, 257-293頁。
御代田雅敬『米銀の復活』日本経済新聞社, 1994年。
諸井勝之助・米田准三『銀行経営講座3　利益管理』銀行研修社, 1978年。
安田銀行『安田銀行六十年誌』安田銀行, 1940年。
山高桂介『銀行の原価計算』東洋経済新報社, 1964年。
矢本五郎『計理』新銀行実務双書, 1952年。
矢本五郎『銀行管理会計』有斐閣, 1957年。
吉田康英『金融商品の会計基準』税務経理協会, 2001年, 83-119頁。
吉田康英ほか『銀行経理の実務』金融財政事情研究会, 2003年, 788-789頁。
吉森賢『日本の経営・欧米の経営』放送大学教育振興会, 2000年, 31頁。

谷守正行（たにもり　まさゆき）

1984年　九州大学工学部卒
2000年までさくら銀行（現 三井住友銀行）総合企画部にて管理会計を担当
2001年よりウッドランド（現 フューチャーアーキテクト）主席研究員として金融管理会計の調査研究
2003年　専修大学経営学部経営学研究科修士課程修了
　　　　NTTデータ金融ビジネス事業本部部長として金融機関に対する管理会計コンサルティング
2005年　都立短期大学経営学部にて教鞭をとる
2006年　専修大学経営学部経営学研究科博士後期課程修了
　　　　博士（経営学）取得
同年より専修大学経営学部にて教鞭をとりながら，りそなHDの管理会計構築を推進，現在に至る
日本会計研究学会会員，日本原価計算研究学会会員，日本管理会計学会会員，日本証券アナリスト協会検定会員，特種情報処理技術者

（主要業績）
『ABCの基礎とケーススタディ』東洋経済新報社，2000年（分担執筆）
『金融機関のための管理会計』同文舘出版，2002年（編著者）
『企業価値向上のためのABCとバランスト・スコアカード』同文舘出版，2002年（分担執筆）
『ABCの基礎とケーススタディ改訂版』東洋経済新報社，2004年（分担執筆）
「銀行管理会計の歴史的考察」『原価計算研究』Vol.28, No.2, 2003年
「銀行のコーポレート・ガバナンスと管理会計の関係性に関する歴史的考察」
　　　『原価計算研究』Vol.29, No.2, 2004年

銀行管理会計

2007年2月28日　第1版第1刷
2010年2月15日　第1版第2刷

著　者　谷守　正行
発行者　渡辺　政春
発行所　専修大学出版局
　　　　〒101-0051　東京都千代田区神田神保町3-8-3
　　　　　　　　　　㈱専大センチュリー内
　　　　電話　03-3263-4230㈹
印　刷
製　本　　電算印刷株式会社

© Masayuki Tanimori 2007　Printed in Japan
ISBN 978-4-88125-185-0

◇専修大学出版局の本◇

少年の刑事責任──年齢と刑事責任能力の視点から
渡邊一弘著　　　　　　　　　　　　　　　　A5 判　282 頁　3990 円

大学教育と「産業化」
吉家清次著　　　　　　　　　　　　　　　　A5 判　192 頁　2100 円

天然ガス産業の挑戦──伸びゆく各国の動向とその展望
小島直他著　　　　　　　　　　　　　　　　A5 判　264 頁　2940 円

知識の構造化と知の戦略
齋藤雄志著　　　　　　　　　　　　　　　　B5 判　256 頁　3045 円

米国統治下沖縄の社会と法
中野育男著　　　　　　　　　　　　　　　　A5 判　312 頁　3360 円

日本国憲法第 9 条成立の思想的淵源の研究
──「戦争非合法化」論と日本国憲法の平和主義
河上暁弘著　　　　　　　　　　　　　　　　A5 判　424 頁　6510 円

専修大学社会科学研究叢書 8
中国社会の現状
専修大学社会科学研究所編　　　　　　　　　A5 判　220 頁　3675 円

戦前期中小信託会社の実証的研究
──大阪所在の虎屋信託会社の事例
麻島昭一著　　　　　　　　　　　　　　　　A5 判　512 頁　7980 円

（価格は本体＋税）